P 36
43-44

PROUST, ROMAN FAMILIAL

Historienne, écrivaine, professeure de littérature à l'université de Californie à Los Angeles, Laure Murat est notamment l'autrice de *La Maison du docteur Blanche*, prix Goncourt de la biographie 2001, de *Passage de l'Odéon*, de *L'homme qui se prenait pour Napoléon*, prix Femina essai 2011, de *Relire* et de *Qui annule quoi ?*

LAURE MURAT

Proust, roman familial

ROBERT LAFFONT

© Éditions Robert Laffont, Paris, 2023.
ISBN : 978-2-253-90863-0 – 1re publication LGF

Nous sommes tous devant le romancier comme les esclaves devant l'empereur : d'un mot, il peut nous affranchir. […] Par lui, nous sommes Napoléon, Savonarole, un paysan, bien plus – existence que nous aurions pu ne jamais connaître – nous sommes nous-mêmes.

Marcel Proust,
« Le véritable Protée », *c.* 1899

Nota bene

Afin de ne pas encombrer la lecture, toutes les notes bibliographiques ont été regroupées en fin de volume, où l'on trouvera, reproduites et abrégées, les citations présentes dans le texte, accompagnées de leur référence.

À Céline

Le diable se cache dans les détails

Il m'a fallu des années pour comprendre une chose très simple. Elle m'a sauté aux yeux lorsqu'un soir, regardant un épisode de *Downton Abbey*, j'ai découvert la scène où le maître d'hôtel sort un mètre devant la table dressée pour le dîner afin de mesurer la distance entre la fourchette et le couteau et de s'assurer que l'écart entre les couverts est le même pour chaque convive.

Ce geste dérisoire, accompli avec une solennité sacramentelle, a suscité en moi une curiosité dont sur le moment je comprenais mal l'intensité, et encore moins le motif. Pourquoi, allongée devant un écran de télévision à Los Angeles où j'habite, à neuf mille kilomètres du Vieux Continent et si loin de la Belle Époque, m'arrêter sur un détail aussi anodin, presque subliminal, sans aucune valeur dans l'intrigue ? Je sentais confusément que se manifestait, à travers ce mesurage absurde et appliqué, un signe lointain venu du passé, de l'enfance. Mais quoi ? Ce geste ne m'évoquait rien de précis, aucun souvenir particulier. Dans sa simplicité et sa modicité, il a pourtant fini par faire remonter tout un monde des confins de ma mémoire, une figure archaïque, en me montrant de la façon la plus élémentaire que le milieu où j'avais grandi dépendait tout entier et littéralement de son image, son être de surface : *l'aristocratie est un monde de pures formes*. Plus je creusais, plus je comprenais que cette scène minuscule métaphorisait le principe sur lequel toute une caste se tenait en équilibre, à la manière d'une pyramide qui repose sur sa pointe. Ce n'était pas une révélation ni même une découverte pour moi, plutôt la claire énonciation d'un savoir enfoui, informulé.

Ce que cette scène disait, c'était, par extension, la puissance muette du code. Les usages de l'aristocratie relèvent pour l'essentiel, comme dans tout milieu, de codes tacites. Leur spécificité est de se prévaloir du temps, ce temps long de l'histoire, qui trace, enregistre, accumule un savoir immémorial sur l'art de la performance sociale. Prétendre à l'antériorité, ce n'est pas seulement se passer de ratification, mais s'assurer la maîtrise du récit. De cette grande machinerie de la sociabilité, aucun rouage ne doit se voir. Personne ne remarque l'équidistance des couverts, aussi transparente que l'existence du maître d'hôtel travaillant dans les coulisses. Justement. L'invisibilité fonde l'illusion d'un monde parfait, miracle perpétuel et désincarné ; elle en est la condition silencieuse, la clé de voûte.

Ce à quoi je m'accrochais, c'était la jouissance d'une esthétique imperceptible à l'œil nu. Ce que je reconnaissais dans ce décor et cette attention aux choses inutiles, c'était, que je le veuille ou non, une part de ce que je suis.

Le syndrome d'Obélix

Dès le lendemain, mon épiphanie télévisuelle est entrée en résonance avec le travail que j'avais en cours : écrire une introduction à un recueil d'articles sur Proust que je souhaitais voir publiés en volume. C'était un projet déjà ancien dont je redoutais la difficulté et les implications, si bien que j'en reportais sans cesse l'exécution : expliquer en quoi l'analyse proustienne de l'aristocratie, qui éclairait mon milieu d'origine mieux que l'expérience vécue de l'intérieur, constituait, contre toute attente, l'instrument le plus performant d'une désaliénation sociale.

Ce projet obligeait à un détour par le monde de mon enfance, héritier de la société décrite dans *À la recherche du temps perdu*. Un monde de gens titrés, de serviteurs et de gouvernantes, de privilèges, de hiérarchie et d'abondance, auquel je n'avais pas envie de revenir. Par ennui d'abord, à l'idée de me soumettre à l'ordre chronologique d'une saga familiale, ne me sentant aucune appétence ni compétence pour l'autobiographie. Par crainte, aussi, de ne pas trouver le ton juste, d'exagérer dans un sens ou dans un autre. J'avais peur de ne pas être à la bonne distance pour ressusciter une époque déjà lointaine et, à travers la noblesse, une tribu anachronique qui excite, en France, des phantasmes têtus, entre hostilité et fascination. D'être, en somme, dans ma partialité inévitable vis-à-vis d'une famille avec laquelle j'avais rompu il y a trente ans, menacée en prime par des caricatures plus ou moins conscientes, des censures intérieures, des discours sédimentés.

À ces doutes s'ajoutait un piège incontournable propre à l'aristocratie, surtout lorsque l'on en sort : dès qu'on en parle, on a l'air de se vanter. Comme si les titres nobiliaires et les noms à particule diffusaient, à peine prononcés dans l'air ambiant, l'arrogance et la vanité de toute une classe. Mais je n'ai rien à revendiquer, ni d'ailleurs à renier, d'un état civil où les hasards de la naissance m'ont jetée. Et je n'éprouve ni fierté ni honte devant mon arbre généalogique, pour la simple raison que je ne crois, dans une existence à l'évidence socialement déterminée, ni à la loi du sang, ni à la fatalité d'un héritage envisagé comme un destin. Mon destin, on me l'a assez répété, était de me marier et d'avoir des enfants. Je n'ai pas d'enfants, je ne suis pas mariée, je vis avec une femme, je suis professeure d'université aux États-Unis, je vote à gauche et je suis féministe. Pour le milieu d'où je viens, c'est excéder de beaucoup le délit de cumul des mandats.

Le détail marginal de *Downton Abbey* a provoqué un déclic et ouvert une brèche dans le mur de préventions que j'avais à évoquer mon passé familial. Il m'offrait une porte d'entrée, une mesure, précisément, en réordonnant mon projet autour d'une question cruciale : la forme. Je tenais le motif qui me manquait. Il assurait un lien de continuité entre l'esthétique mondaine et la stylistique proustienne. L'introduction s'est mise à grossir, puis à déborder, au point de se substituer à tout le reste. Les uns après les autres, je rangeais les articles, et je me lançais dans un livre neuf, dont le sujet tient en une phrase : rendre hommage au pouvoir d'émancipation de la littérature à partir d'une *lecture située*. Ou comment une série britannique est venue bouleverser mes projets français dans ma vie américaine.

Les proustiens les plus chevronnés se sont tous posé la question, résumée par le premier d'entre eux, Jean-Yves Tadié : « Cette gloire universelle de Proust, qui le fait désigner comme le plus grand écrivain du XXe siècle, à quoi tient-elle ? » Comment, à partir des péripéties microscopiques de la haute société parisienne, Proust parvient-il à envoûter son lectorat, du Japon à l'Alaska, de la Russie à l'Argentine, toutes catégories sociales confondues ? Et pourquoi quiconque s'embarque pour le voyage au long cours de la *Recherche* s'étonne-t-il de s'y reconnaître, soi, à chaque page ? Car Proust, dans « ce roman qui n'arrête pas de penser » – le Temps, le moi, les arts, l'écriture, la jalousie, la phénoménologie –, à travers ce *je* du narrateur et personnage principal, nous restitue à nous-mêmes.

Ma lecture, disons socialement orientée, ne vaut pas mieux qu'une autre. Elle a néanmoins, comme n'importe quelle lecture, sa spécificité. Je l'appellerais : le syndrome d'Obélix. Que se passerait-il si Obélix goûtait la potion magique dans laquelle il est tombé enfant et qui lui est, pour cette raison, défendue ? Je ne transgresse évidemment aucun interdit en lisant la *Recherche*. Mais je replonge dans le bain des origines. Ce retour aux sources d'une réalité par la fiction a des effets concrets. Ce livre en fait le récit.

À l'aristocratie est souvent rattaché le mot de «prestige». Dire cela, ce n'est pas prononcer un jugement de valeur, mais énoncer une catégorie de perception. Personnellement, je préfère le «proustige». «J'ai forgé ce mot facile pour évoquer le prestige qui vient de Marcel Proust, celui que certains ont tenté de s'arroger à la mort de Marcel Proust», écrit Nicolas Ragonneau, avant d'assortir, en bon lexicographe, sa définition d'un exemple : «Maurice Sachs, en faisant ses conférences sur *À la recherche du temps perdu* en Amérique, en avait bien flairé le proustige.» Est-il nécessaire de le préciser ? Je ne m'arroge en rien le prestige de Proust parce qu'il aurait décrit le monde où je suis née, mais je loue sa magie à m'en avoir sortie, en authentique proustidigitateur.

Rien, qui danse sur du vide

De mon enfance, dont j'ai peu de souvenirs nets, j'ai surtout gardé des sensations. Et celle qui domine toutes les autres est ce sentiment de l'implicite, de l'indiscernable, d'un impérieux silence entendu. C'est une atmosphère, où ce qui ne se dit pas et ce qui ne se voit pas comptent beaucoup plus que la parole ou le geste, toujours mesurés, comptés, théâtralisés. Les règles élémentaires de la politesse s'assimilent vite. Ne mets pas les coudes sur la table, dis bonjour à la dame, ne marche pas les mains dans les poches, remercie le monsieur. Elles sont les mêmes partout. C'est tout le reste, qu'on appelle parfois savoir-vivre, qui est plus long et subtil à saisir. Il n'y a pas de manuel, pas d'instructions, ni même de secret. Tout repose sur l'observation de scènes si composées qu'elles auront l'air naturel, et dont seuls comptent la réussite formelle, l'effet. Dès le plus jeune âge, j'ai pris l'habitude, à la fois inconsciente et suggérée, de détecter et d'interpréter les indices tacites qui forment l'équilibre des situations en société. Personne ne me les a appris ni expliqués, même si tout le monde s'attendait à ce que je les repère et les enregistre. Demande-t-on aux animaux comment ils ont assimilé les lois de la jungle ? Il s'agit de sentir comment se crée ou se défait une ambiance, de pénétrer l'art de relancer une conversation ou d'en dévier le sujet d'un mot. Cet entraînement muet, qui consiste à écouter et regarder, à lire les visages et humer les climats, à imiter et répéter sans consignes, a forgé en moi une conviction profonde qui est peut-être au fondement de n'importe quelle éducation : ce qui se transmet vraiment ne s'enseigne pas.

Et cela, peut-être superlativement dans l'aristocratie. Tout se joue entre les lignes, à capter, surprendre, intercepter les signes subliminaux de l'effacement, dans une vie où tout effort doit être radié, toute passion dissimulée, toute souffrance tue, selon une orthopédie mentale aux règles non écrites. On ne parle jamais de soi, on ne fait pas de vagues, on évite les sujets qui fâchent car « c'est assommant », et il est impensable de montrer quelque émotion en public. La joie et la peine, l'excitation et la douleur, l'enthousiasme et la mélancolie sont affaire de classe. « On ne pleure pas comme une domestique », répétait mon arrière-grand-mère, que la haine de l'effusion avait poussée à donner un bal à la mort d'un de ses fils, engagé volontaire tombé pour la France en 1916, à l'aube de son vingtième anniversaire. Caricatural, ce sinistre exemple pourrait presque avoir valeur de principe dans la nécessité à convertir tout mouvement sensible, jusqu'à la plus intime catastrophe, en exercice de style.

Un monde où tout se tient et où tout le monde se tient. Tenir, tenir son rang, c'est le verbe étalon, qui s'applique à la langue, à laquelle on demande d'abord de la tenue, comme on est censé savoir tenir son cheval. Se tenir, le regard fixé sur l'horizon immuable des rituels, a une vertu majeure : s'abstenir de penser. Mal se tenir, au propre comme au figuré, confine au sacrilège. Combien de fois n'ai-je pas obéi à ce rappel à l'ordre, traduit par un regard noir qui se passait de commentaires : « Tiens-toi ! » Comprendre : tiens-toi droite et reste à ta place. Comme une table bien dressée où l'on évitera de mettre les coudes, à côté de couverts équidistants. Cette technique du corps et du maintien postural exige à mots couverts un peu plus que de la tenue : de la retenue, voire de la rétention, jusqu'à de la réticence à se mêler au monde extérieur. C'est une mécanique des comportements, dont la pratique est fondée sur le refoulement.

La notion de style, si primordiale, si viscérale, se confond volontiers avec un attachement maniaque à la langue. Les inflexions de la voix, une rythmique passablement théâtrale de la phrase, à la fois aérienne et énergique, virevoltante et nette, un ton frisant la rodomontade trahiront d'emblée l'aristocrate. Cette musicalité un peu nerveuse, faite d'accélérations et de lenteurs étudiées pour conduire le plus sûrement à la chute, convient aux mots d'esprit et à l'art de la conversation, où il est déconseillé de s'appesantir. Rien n'est plus déplacé que de développer une idée ou de se lancer dans une réflexion un tant soit peu élaborée. « Glissez, mortels, n'appuyez pas. » Les aristocrates se piquent d'être littéraires parce qu'ils parlent bien, c'est-à-dire (plus ou moins) correctement, même s'ils n'ont rien à dire, et révèlent leur goût très sûr pour la peinture en s'extasiant devant des portraits au pastel, qui rendent des expressions si vraies. Ils vénèrent sans distinction Saint-Simon et Winterhalter, pour une raison commune : l'immense styliste et le peintre pompier leur promettent secrètement l'immortalité à travers des pages inoubliables dont ils sont l'objet presque exclusif ou des chromos flattant leur grandeur. *À la recherche du temps perdu* deviendra, avec le temps, ce même miroir aux alouettes. Avec la célébrité, Proust, journaliste hier tout juste adoubé, deviendra celui qui n'aurait rien accompli si les nobles ne s'étaient prêtés de si bonne grâce à devenir sa source d'inspiration.

Cependant, tel un tableau du Grand Siècle descendu des cimaises d'un musée consacré à la peinture d'histoire et dont seul le vernis serait demeuré, ce vernis qui *tient* et durcit avec le temps, le monde si composé de la noblesse masque mal la réalité affleurant sous la couche superficielle et brillante. Cette réalité, c'est le vide. L'aristocratie, royaume du signifiant pur et de la performance sans objet, est *un monde de formes vides*. Voilà, mise à nu, son âme, comme on dit de la cavité intérieure des canons et des fusils où se place le projectile – « seuls les fusils ont des âmes », ironisait Camus.

La forme superlative, presque excessive, du protocole et des coutumes n'assume pas seulement le vide sidéral du fond. La véritable vocation de la stylistique aristocratique consiste à convaincre « les autres » de la légitimité d'un pouvoir intact, comme si la Révolution française n'avait jamais eu lieu, et à justifier le forfait du privilège. *Privilegium* ou *privata lex*, la loi privée, l'exception juridique accordée à une élite, dans un système où la naissance fonde les inégalités. Sauf que cette élite, défaite après la guerre de 14 – et c'est l'un des thèmes majeurs d'*À la recherche du temps perdu* –, n'a plus rien aujourd'hui à offrir que des titres désuets et un blason qui s'étiole. Sans l'argent qui autorise le maintien d'un patrimoine et d'un mode de vie somptueux, l'aristocratie n'est rien. Rien, qui danse sur du vide.

Mon ambivalence vis-à-vis de l'éducation aristocratique se noue à cette intersection, entre un objet d'angoisse (le vide) et un objet de jouissance (la danse). Car comment ne pas être sensible *aussi* à la singularité de tour des grandes manières, à la grâce recherchée au fondement de tout geste ? La chorégraphie aristocratique, qui dicte et enrobe tout, les actions et les pensées, les comportements et les discours, les conversations futiles et les décisions morales, enveloppe la vie d'une esthétique parfois si séduisante qu'on pourrait la croire fondée. Mais la vanité de la vie de cour à Versailles a lentement corrompu un idéal basé à l'origine sur le sens de l'honneur, en renforçant les lois de l'étiquette, de la bienséance et des convenances. Si bien qu'au XIXe siècle Mme de Boigne, déplorant la disparition des codes aristocratiques, regrettait «ces formes, qui donnaient un vernis de grâce à l'immoralité». Dès lors, l'hiatus ne fera que se creuser, au point que Proust peut écrire de Mme de Marsantes, sœur du duc de Guermantes : «Par atavisme son âme était remplie par la frivolité des existences de cour, avec tout ce qu'elles ont de superficiel et de rigoureux.»

Je crois que, très tôt, j'ai été particulièrement réceptive à cette puissance formelle, rythmique, qui bâtit autour de soi un monde sans ruptures et sans efforts apparents, où l'art de la transition invisible s'applique jusque dans la mort, où l'attention au mètre, à la mesure, à la cadence assure l'enchaînement musical. Si je sais ce que ce décor escamote, je reconnais aussi les vertus de cet *ethos* soucieux d'harmonie qui s'efforce de rendre la vie plus aimable et plus fluide, qui invite, relie, et livre le secret de la mobilité dans des espaces sans rapports entre eux.

Dans la danse de l'aristocratie et de cet *art de vivre* qu'il convient de prendre au pied de la lettre, Proust a trouvé un inépuisable objet de réflexion. Sans doute parce qu'il a cru un temps au pouvoir créatif de la noblesse, dans son aptitude à édifier un monde et inventer un style. Ne définit-il pas la qualité primordiale qui fait la « beauté absolue » de certaines œuvres littéraires par « une espèce de fondu, d'unité transparente où toutes les choses […] sont venues se ranger les unes à côté des autres […], pénétrées de la même lumière, vues les unes dans les autres, sans un seul mot qui reste au-dehors, qui soit resté réfractaire à cette assimilation […]. Je suppose que c'est ce qu'on appelle le vernis des maîtres ». Cette qualité enveloppante à tout faire baigner, images et mots, dans une même « atmosphère enchantée », Proust la possède plus que quiconque. Sa description de *La Légende de sainte Ursule* de Carpaccio, placée dans la bouche du peintre Elstir, est peut-être le passage qui me touche le plus dans *À l'ombre des jeunes filles en fleurs* :

Les navires étaient massifs, construits comme des architectures, et semblaient presque amphibies comme de moindres Venise au milieu de l'autre, quand amarrés à l'aide de ponts volants, recouverts de satin cramoisi et de tapis persans, ils portaient des femmes en brocart cerise ou en damas vert, tout près des balcons incrustés de marbres multicolores où d'autres femmes se penchaient pour regarder, dans leurs robes aux manches noires à crevés blancs serrés de perles ou ornés de guipures. On ne savait plus où finissait la terre, où commençait l'eau, qu'est-ce qui était encore le palais ou déjà le navire, la caravelle, la galéasse, le Bucentaure.

De la mer à la terre, du satin au brocart, des tapis aux marbres, Proust ramasse les éléments, la matière, l'humanité et l'architecture en une phrase. Du navire au balcon, ce monde d'étoffes chatoyantes, de pierres multicolores et de femmes qui se rejoignent grâce à des ponts «volants» – érigeant l'air comme point de jonction entre l'eau et la terre – est avant tout un monde sans solution de continuité. Je ne connais pas de vision plus adéquate que cette scène à l'équilibre recherché par l'art de vivre aristocratique. Et pourtant.

Tandis que le vernis aristocratique jouera surtout le rôle de fixateur d'un monde en voie de disparition, le vernis des maîtres dont parle Proust incarne en quelque sorte le contraire, puisqu'il est associé à un «fondu», c'est-à-dire à un velouté proche du glissement. Fondu ou fondu enchaîné : l'expression et la pratique sont déjà utilisées par Georges Méliès à cette époque des premiers âges du cinéma. Or que fait cet art du raccord par superposition d'images, sinon matérialiser un changement d'espace ou un écoulement de temps, du flash-back à la projection dans l'avenir ? Et qu'est-ce qu'*À la recherche du temps perdu*, sinon le grand livre d'une vocation qui s'achève sur l'embarquement vers la création, en laissant une aristocratie sans œuvre à quai ?

Fiction des origines

À la manière d'un amputé qui, longtemps après l'opération, sent toujours son membre fantôme, le monde familial de mon enfance vivait figé dans la conscience intacte de sa supériorité sociale. Étymologiquement, *aristocratie* signifie le «pouvoir des meilleurs». Admettre que la noblesse avait perdu son prestige et ne constituait plus l'élite, c'eût été céder à l'inimaginable: l'aveu d'un déclassement. Il ne suffisait donc pas de *se tenir*, il fallait désormais *maintenir* coûte que coûte un univers, un décor, un mode d'existence devenus étrangers aux réalités contemporaines et sans rapport avec le siècle.

Le déclin de l'aristocratie depuis la Révolution française a été d'une lenteur record. Alors qu'elle aurait dû s'éteindre à l'avènement de la IIIe République, elle a jeté tous ses efforts dans le maintien de son train de vie et de la pantomime mondaine qui l'accompagne, artefacts destinés à persuader la société de son intemporelle prospérité. Sa survie doit tout à l'esthétique – car c'en est une – des manières et de la mondanité. Et si la performance aristocratique est plus visible, plus tangible, au temps de Proust qu'à l'époque de

Saint-Simon, c'est précisément parce que la noblesse a entre-temps perdu la main au profit de la bourgeoisie industrielle et financière et qu'elle surjoue, par compensation, la comédie du pouvoir, dans un interminable chant du cygne. Ce que j'ai vécu un demi-siècle après la mort de Proust, c'est l'écho mourant de cette Belle Époque, le lointain souvenir d'une obsession formelle qui refusait de disparaître, parce qu'elle entretenait la fiction de notre grandeur.

L'illusion tenait à un fil – d'or : la fortune. De riches mariages de part et d'autre de ma famille assuraient à tous ses membres la vie luxueuse des rentiers, qui comptent sur le rendement de propriétés foncières considérables et sur le bon vouloir des cours de la Bourse. Personne ne travaillait et tout le monde trouvait cela normal. Lorsque j'écris cette phrase aujourd'hui, j'ai du mal à y croire. Et pourtant, c'est bien ce que j'ai vécu.

Cette oisiveté professionnelle suffit-elle à faire du monde de mon enfance une société si proche de celle décrite par Proust ? Ou est-ce une surinterprétation, un abus de ma part, qui décalque le roman familial de la fresque proustienne ? Comment, née quelques mois avant Mai 68, ai-je pu partager quoi que ce soit avec les structures de ce monde censé avoir été englouti par la guerre de 14 ? Je dis « censé », car cette temporalité est depuis quelque temps nuancée. Dans son livre sur *Le Grand Monde parisien*, Alice Bravard a bien montré la persistance du modèle aristocratique en France, notamment à travers les pages mondaines des journaux (*Le Gaulois* et *Le Figaro*), ouvertes en

1890 et qui ont subsisté non pas jusqu'à la Première Guerre mondiale, mais jusqu'à la Seconde. Décimée par la Grande Guerre et ruinée par le krach de 1929, l'aristocratie, qui crée en 1932 l'Association d'entraide de la noblesse française (ANF), se montre d'une résilience obstinée. Et continue de faire exemple dans les mentalités, comme le suggère l'adieu ambigu et mélancolique de Jean Renoir au « génie aristocratique », à son sens de l'honneur et du sacrifice, dans *La Grande Illusion* (1937).

Mon père est né en 1925, ma mère en 1939. Un peu tard pour avoir connu le grand monde tel que Proust l'a vécu, mais assez tôt pour en avoir une mémoire transmise, rapportée. Ils se rencontrèrent en janvier 1960, dans une soirée mondaine. Cinq mois plus tard, ils étaient mariés. Marcel Proust aurait très bien pu assister à leur mariage. Il aurait eu quatre-vingt-huit ans.

En 1960, les alliances dans l'aristocratie continuaient de faire la une des journaux que l'on n'appelait pas encore *people*. Le mariage de mes parents, célébrant l'union de la fille aînée du duc de Luynes, descendant du favori de Louis XIII, et du prince Napoléon Murat, arrière-arrière-petit-neveu de l'empereur, eut droit à quelques gros titres. Tous les ingrédients étaient réunis. La jeune fille de bonne famille épousait, au château de Luynes, un prince charmant par ailleurs regardé comme un « original » pour avoir produit les premiers films de Louis Malle. L'archevêque de Tours, invité à officier, avait même renâclé à bénir l'union avant de céder, l'Église considérant mon père comme un « pornographe » depuis le scandale des *Amants*, où Jeanne Moreau figurait nue dans une baignoire... dont seule sa tête dépassait. Le *close-up* sur sa main se refermant dans une crispation pour signifier la jouissance avait offusqué toutes les ligues de vertu, outrées qu'un adultère pût être vécu dans le plaisir. Menacé de censure en France, le film, prix spécial du jury à Venise, avait été interdit en Grande-Bretagne. Il avait provoqué une série de procès aux États-Unis, ce qui poussa la Cour suprême à définir en 1964 la « pornographie » au cinéma – *Les Amants* n'entrant finalement pas dans la catégorie.

Tous les articles que j'ai pu trouver décrivent le même chromo : la féerie d'une cérémonie « à la fois familiale et populaire », la présence du village entier et l'énumération des invités admis au déjeuner, dont les noms (Montesquiou, Brissac, La Rochefoucauld, Montebello, etc.) pourraient figurer dans la *Recherche*. Mais le plus frappant est l'insistance sur un point : toute prestigieuse que fût l'union de « deux grands noms de l'histoire de France », elle n'en était pas moins marquée dans les mentalités par le décalage entre la noblesse d'Ancien Régime, incarnant le passé féodal, et la noblesse d'Empire, de plus fraîche extraction. « L'héritier des hommes de guerre de la vieille France a donné sa fille au descendant du "Petit Caporal" », titre l'hebdomadaire *Noir et Blanc*, qui ironise sur l'absence de fleurs de lys à l'église, emblèmes de la monarchie, prétendument pour ne pas froisser les bonapartistes. Ailleurs, c'est l'absence remarquée du comte et de la comtesse de Paris, prétendants au trône de France, qui interroge : ont-ils refusé de cautionner cette alliance avec un descendant de Napoléon ? Sans fondement dans la réalité (le curé était allergique aux lys et les membres de la famille royale étaient liés aux Luynes depuis le XVIIe siècle), ces commentaires disent la prégnance de la hiérarchie sociale dans les esprits. Un journaliste ne prend-il pas même soin de préciser qu'au déjeuner, réunissant une centaine de privilégiés, « le seul roturier [*sic*] est Louis Malle » ? C'est pour ce type de remarques que je retourne à la futilité révélatrice de ces archives : pour ressaisir une époque qui éprouvait encore le besoin, dans la deuxième moitié du XXe siècle, de distinguer les deux noblesses, et l'aristocratie de la « roture » – quand la nôtre n'aurait eu d'yeux que pour le cinéaste au détriment de tous les invités titrés.

Que Proust, longtemps chroniqueur mondain, ait été fasciné par ces différences de traitement dans les classes sociales ne doit pas étonner. Chacune incarne un rapport au Temps, à son épaisseur, à sa puissance d'accumulation, des croisades aux guerres napoléoniennes. C'est dans cette distance avec l'origine de l'anoblissement que Proust voit même l'écart sensible entre les deux noblesses, incarnées par Saint-Loup, affable, élégant, mais sans-gêne et méprisant le bourgeois, et le prince de Borodino, plus majestueux, car moins éloigné de l'époque où son père était reçu à la cour impériale. Quand les couches du temps auraient dû jouer en faveur de Saint-Loup, leur minceur bénéficie paradoxalement au prince d'Empire, aux manières supérieures. Saint-Loup a intégré toutes les élégances, au point de parfois les oublier. Borodino s'en souvient encore.

La noblesse d'Empire, qui doit ses titres à sa bravoure sur le champ de bataille, a ceci de particulier qu'elle dépend d'un seul homme, Napoléon. Or l'Usurpateur, comme l'appellent ses ennemis, est un souverain sans légitimité généalogique, un monarque qui se passe du droit divin, instaure un régime héréditaire et fabrique une nouvelle aristocratie sans racines ni passé. Admise avec le temps dans la société, elle ne sera jamais pleinement reconnue par l'aristocratie d'Ancien Régime. Mes deux plus proches ancêtres sont des soldats de la Révolution, promus maréchaux en quelques années. Michel Ney, «le brave des braves», fils d'un artisan tonnelier, mourra duc d'Elchingen et prince de la Moskowa. Joachim Murat, onzième et dernier enfant d'un couple d'aubergistes, finira maréchal de France et roi de Naples. Si bien que chaque fois que, dans la conversation, surgissait l'expression «On n'est pas sortis de l'auberge», on ne manquait jamais d'ajouter: «Eh bien si, justement.»

Dans un de ses articles sur la vie mondaine consacré au salon de la princesse Mathilde, Proust note la simplicité, mélange de «fière humilité» et de «franchise», avec laquelle la nièce de l'empereur parlait de ses origines: «La Révolution française! lui ai-je entendu dire à une dame du faubourg Saint-Germain, mais sans elle je vendrais des oranges dans les rues d'Ajaccio ! » Les autres membres de sa famille n'avaient pas nécessairement la même modestie.

Indubitables produits de leur milieu, mes parents différaient de ces mille et un personnages proustiens du faubourg Saint-Germain par un trait essentiel. Ils lisaient. Je veux dire : ils lisaient vraiment. L'une des images les plus touchantes que je garde de mon père, c'est de le voir traverser le jardin avec une pile de livres qu'il protégeait de tout son corps massif, comme s'il s'agissait d'un nourrisson, contre la pluie qui commençait à tomber. Je ne me souviens pas de l'avoir vu un seul jour sans lire. La lecture n'était pas son activité favorite, c'était à peu près sa seule activité. Sur les rayonnages de son bureau, de la philosophie, des présocratiques à Merleau-Ponty, en passant par Marx et Lévi-Strauss, mais surtout de la littérature de tous les temps, française, étrangère – anglo-saxonne en majorité, et dans le texte –, et un nombre faramineux de volumes de la Pléiade qu'il annotait au Bic ou au feutre, ce qui relativise son respect de l'objet, épargné par les gouttes d'eau, mais pas par ses commentaires.
Ma mère, elle, avait très peu d'inclination pour la littérature, mis à part pour les trois titres qu'elle citait toujours : les *Mémoires d'outre-tombe* de François-René de Chateaubriand, *Le Quatuor d'Alexandrie* de Lawrence Durrell, et les *Mémoires d'Hadrien* de Marguerite Yourcenar. Son goût allait à l'histoire, et se traduisait par la lecture presque exclusive d'essais, de correspondances et de souvenirs. Proust lui tombait des mains (on avait droit chaque fois à « ses phrases

interminables, son style alambiqué», etc.); mon père connaissait la *Recherche* par cœur. Elle adorait l'opéra, il n'écoutait que du jazz. Elle se passionnait pour les jardins, il n'aimait que la ville et répétait à qui voulait l'entendre, faisant sienne une remarque du *Voyage au bout de la nuit* : «Je hais la guerre parce que ça se passe à la campagne.» Mes parents n'avaient à peu près rien en commun, mais ils n'auraient jamais pu se passer, ni l'un ni l'autre, de la vie de la pensée. Ce qui faisait d'eux des exceptions dans un univers où la culture, sous la forme d'une érudition superficielle, sert surtout à faire joli dans la conversation.

Dans un passage du *Temps retrouvé* sur la démagogie que représenterait un art populaire, Proust écrit: «j'avais assez fréquenté de gens du monde pour savoir que ce sont eux les véritables illettrés, et non les ouvriers électriciens». Proust a raison. Le père d'Adrienne Monnier, facteur, avait lu Joyce, Fargue, Valéry et bien d'autres; la mère de Monique Wittig, femme d'ouvrier, évoque dans sa correspondance avec sa fille ses lectures de Kafka et de Faulkner. Dans *Une femme*, Annie Ernaux rapporte que sa mère lisait Mauriac, Bernanos et Colette. Mes grands-parents n'avaient ouvert aucun de ces livres, pas plus que l'écrasante majorité de mes oncles et tantes, dont la plupart n'avaient pas même leur baccalauréat. L'érudit baron de Charlus, exception qui confirme la règle chez les Guermantes, est le premier à admettre l'incurie des siens, sans pour autant épargner les domestiques de son mépris: «Ce sont les gens de mon monde qui ne lisent rien et ont une ignorance de laquais. Jadis les valets de chambre du Roi étaient recrutés parmi les grands seigneurs, maintenant les grands seigneurs ne sont guère plus que des valets de chambre. » Je suis née dans un milieu favorisé *et* dans une bibliothèque. Ce fut ma chance.

Dans leur exercice de la mondanité, en revanche, mes parents n'auraient pas déparé certaines pages de la *Recherche*. Je me rappelle qu'ils sortaient beaucoup dans le monde. À travers la buée de mes souvenirs, je revois mon père en smoking, ma mère en robe longue. Souvent. Une phrase extraite du *Côté de Guermantes* – « au moment où on a à sa glace des centaines de cartes d'invitations » – m'a soudain remis en mémoire un détail de leur chambre, dont la glace surmontant la cheminée était truffée de cartons gravés, coincés dans l'interstice entre le miroir et son cadre. Sont-ils allés au légendaire bal Proust, organisé au château de Ferrières par Marie-Hélène de Rothschild en 1971, et y ont-ils croisé Elizabeth Taylor en comtesse Greffulhe ? Possiblement. Mes parents sortaient dans le monde, c'est-à-dire qu'ils respectaient des codes et sacrifiaient à la coutume, dans des soirées plus ou moins ennuyeuses, au décor somptueux, où l'on échangeait anecdotes et bons mots. Ils croyaient en un système social, auquel ils se conformaient. Ils ne l'ont jamais remis en cause.

À la maison, les pièces de réception voyaient défiler un gratin gaulliste composé d'aristocrates, d'hommes politiques et d'écrivains, de Ionesco à Gombrowicz. André Malraux et Louise de Vilmorin étaient des habitués, comme Corisande de Gramont, ingénieure d'une prodigieuse intelligence, qui se trouvait être à la fois la petite-fille de la comtesse Greffulhe (modèle de la duchesse de Guermantes), la fille d'Armand de Guiche (grand et fidèle ami de Proust) et la filleule de Robert de Montesquiou (modèle de Charlus). Ce n'était pas la vieille France antisémite et ultra-conservatrice des Courvoisier, plutôt un compromis entre Guermantes et Verdurin.

Les enfants n'étaient pas admis dans ces soirées, sinon exceptionnellement, «pour dire bonsoir». Née en 1967, j'occupe la place du milieu dans une fratrie de quatre, entre deux sœurs nées en 1961 et 1962, et un frère né en 1972. Lorsqu'elle nous présentait aux invités, ma mère, pointant mes sœurs, disait: «Voici mes filles», puis, en montrant mon frère: «Voilà mon fils», et quand son doigt me désignait finalement, elle ajoutait sans malveillance et dans un sourire: «Et ça, c'est le numéro 3.» Je ne lui en tenais aucune rigueur, au contraire. J'aimais bien cette place de singleton. Aujourd'hui, je m'amuse à voir dans ce *ça* psychanalytique dépourvu de genre l'origine de mon intérêt pour le «troisième sexe», auquel j'ai consacré une thèse, mais aussi de ma passion inconditionnelle pour *Le Prisonnier*, cette série télévisée de la fin des années 1960 dont le héros est un espion britannique, prisonnier d'un village énigmatique (que j'ai très tôt associé à la famille) où tous les habitants sont désignés par des numéros. Lui-même est assigné au numéro 6, ce qui le révolte au point de hurler de désespoir: «Je ne suis pas un numéro! Je suis un être humain!»

Fable paranoïaque, *Le Prisonnier* s'achève par un coup de théâtre : la révélation de l'identité du numéro 1, le maître absolu, qui n'est autre que… le numéro 6. Cette conclusion destinée à faire comprendre que nous portons tous en nous un bourreau, y compris de nous-mêmes, a exaspéré le public, qui n'y entendait rien, si bien que Patrick McGoohan, l'acteur principal et producteur de la série, a dû se retirer à la campagne avec ses enfants, qui se faisaient molester à la sortie de l'école.

En tant que numéro 3, rien de tel ne m'attendait à la sortie de l'école, où ma nurse venait me chercher chaque après-midi. *Nurse* est un mot étrange, puisqu'en anglais cela veut d'abord dire « infirmière », mais aussi « femme chargée exclusivement de l'éducation des jeunes enfants ». La mienne, qui m'a élevée jusqu'à l'âge de sept ans, m'a prodigué une affection joyeuse et sans limite. Née d'une mère brodeuse et d'un père maraîcher installés en Algérie, mariée jeune à un fournisseur aux armées dont elle divorça, fait rare à l'époque, elle était venue en France à l'âge de vingt-deux ans pour devenir puéricultrice. Elle irradiait d'une joie bienfaisante et d'une tendresse qui me valent de tenir sur mes deux pieds aujourd'hui. Je dis « la mienne », car mes deux sœurs avaient « la leur », une Écossaise charmante et fantasque qui se trompait régulièrement dans l'attribution des vêtements, de sorte que l'aînée portait des jupes trop courtes et la cadette des cardigans trop longs, sans que personne n'y trouve rien à redire.

Ma scolarité, qui s'est presque intégralement

déroulée à l'Institut de l'Assomption, fut médiocre, jusqu'à un baccalauréat dont la mention résume mon niveau : passable. Je détestais l'école, où il fallait me traîner tous les matins. Mes bulletins disent tous la même chose : j'étais un cancre agité qui faisait « tache d'huile » dans la classe, n'écoutait pas et ne fournissait pas d'efforts. Je regrette aujourd'hui cette dissipation idiote et inutile, qui a épuisé bien des bonnes volontés. Mais je n'avais qu'une idée : sortir de cette prison catholique et monochrome, sans mixité d'aucune sorte, ni de genre, ni de classe, ni de culture.

L'appartement où nous habitions se situait dans le XVIᵉ arrondissement de Paris, entre l'avenue d'Iéna et l'avenue Marceau, quartier résidentiel d'une torpeur abyssale, où il ne se passait rien, comme si la semaine entière n'était qu'un dimanche étiré sans fin. Sur la place des États-Unis voisine s'élevait cependant un hôtel fréquenté par tous les artistes qui ont compté dans le XXᵉ siècle, de Cocteau à Buñuel en passant par les surréalistes, celui de Charles et Marie-Laure de Noailles, dont la fille s'appelait Laure. Mon père, tout jeune, était tombé sous son charme. Il baptisera de son prénom, tel un talisman, le char qu'il commandait en 1944.

Nous vivions dans un musée où tout rappelait les gloires de l'Empire, des portraits au mobilier, des tentures semées d'abeilles aux vitrines abritant, telles des reliques laïques, l'éperon de Napoléon (le second était dans son tombeau aux Invalides), la cravache de Joséphine, le peigne à moustache en or de Murat. Parmi ces vestiges, une boîte en ébène ornée d'un dessin de paysage se détachait à mes yeux. Elle avait été oubliée par Louis XVIII sur son bureau dans sa précipitation à quitter les Tuileries au retour de Napoléon en mars 1815. C'était l'objet qui m'intriguait le plus, parce qu'il recelait la magie impalpable, l'aura évanouie d'un mouvement humain provoqué par la panique : un monarque qui fuit, sous la pression d'un autre qui arrive. Et entre ces deux gestes, une boîte, objet dérisoire et sans qualités particulières, qu'on oublie d'un côté et qu'on accapare de l'autre, incarne la continuité dans le changement (de régime), elle est la preuve passive d'une stabilité dans la transition brutale. Lorsque ma mère «faisait la visite» des collections, exercice rituel, je voyais sur la tête des invités l'effet produit tandis qu'elle s'arrêtait sur ce précipité chimique de l'histoire, dont on revivait chaque fois le drame en direct. La sobriété parfaite avec laquelle elle racontait l'épisode augmentait la sensation.

Le passé était une matière vivante, charnelle. Un échantillon des cheveux de Caroline Murat enclos dans une boucle d'oreille en cristal avoisinait un mouchoir taché du sang de l'empereur (le vrai sang de Napoléon Ier, comme on dit un morceau de la vraie Croix) ou sa vaisselle de campagne à Austerlitz – il avait piqué sa fourchette dans cette assiette en vermeil, il avait bu à cette timbale. Chaque objet était un instantané de l'histoire en même temps que la preuve palpable que «nous» l'avions faite. Mais le document que je préférais était une carte postale en noir et blanc de Belle-Île-en-Mer envoyée par Sarah Bernhardt, qui avait triomphé dans *L'Aiglon*, la pièce d'Edmond

Rostand sur le fils de Napoléon Ier. Elle était adressée « au Prince Murat », mon arrière-grand-père, et signée « L'Aiglon ». L'histoire, le théâtre, et mieux encore l'histoire fictionnalisée, performée, tout était résumé dans cet objet mineur (qu'est-ce qu'une carte postale ?) qui avait eu droit à son cadre en laiton.

De l'épopée familiale je ne me suis jamais sentie la dépositaire. Sans doute parce que j'étais une fille, promise dès la naissance au mariage. Ce nom ne serait bientôt plus le mien, ni jamais ce patrimoine. Mais grâce à ou à cause de ce décor, j'en ai hérité une fantasmagorie concrète qui m'a tôt persuadée que l'histoire ressortit d'abord à l'imagination.

Avec le nom, il y avait le titre. Les titres nobiliaires, nous avait appris notre professeure d'histoire à l'école, avaient été abolis avec les privilèges dans la nuit du 4 août 1789. Ils avaient été supprimés en 1848, même si le Second Empire en avait encore fait un usage de courtoisie, éteint avec l'avènement de la IIIe République. Ce n'était pas la première fois que je surprenais l'école à répandre des informations douteuses. À la maison, chaque repas était annoncé par « la Princesse est servie ». Ma nurse ne parlait jamais autrement de mon père et de ma mère qu'en disant « le Prince » ou « la Princesse », ou de mon grand-père maternel qu'en disant « Monsieur le Duc », habitude qu'elle conserve aujourd'hui, à l'âge de quatre-vingt-dix-sept ans. Quant au courrier qui arrivait, il était toujours libellé au nom de mes parents précédé de leurs titres. Ce qui valut un jour à ma mère des problèmes à la poste lorsqu'elle voulut retirer un paquet au nom de S.A. (pour Son Altesse) la princesse Napoléon Murat, car l'employé exigeait la preuve qu'elle était bien la gérante de la S.A. (pour société anonyme) «princesse Napoléon Murat».

Le titre princier a cette particularité d'être le seul qui soit transmissible aux filles. C'est ce que dit mon état civil, aussi surprenant que cela puisse paraître sous la Ve République, près de deux cents ans après l'abolition des privilèges. Lorsque je me suis inscrite en thèse à l'École des hautes études en sciences sociales, j'ai dû fournir un acte de naissance. Cette perspective m'accablait car j'étais obligée de délivrer un document qui ne manquait jamais d'occasionner des remarques goguenardes, où était inscrit: Laure, Marie, Caroline, Princesse Murat[1]. Je me souviens du hoquet poliment réprimé de la maîtresse de conférences par qui j'avais dû faire transiter le document lorsqu'elle sortit le dossier de son enveloppe. La dernière fois que j'ai dû le

---

1. Je lis avec stupéfaction, à l'entrée «Titre de noblesse» de Wikipédia: «Même s'il n'y a plus légalement de noblesse en France depuis l'instauration de la IIIe République en 1870, les titres authentiques et réguliers [...] sont reconnus comme accessoires du nom [...]. Cette reconnaissance par la République [...] est purement formelle. [...] Elle n'est pas obligatoire pour la transmission du titre, mais permet au bénéficiaire d'en faire un usage officiel et de *le faire figurer sur tous les documents administratifs*, y compris la carte d'identité comme un accessoire du nom» (c'est moi qui souligne). Pour plus de détails, voir Marc Guillaume, «Le sceau de France, titre nobiliaire et changement de nom», séance publique de l'Académie des sciences morales et politiques, 3 juillet 2006.

produire, c'était chez le notaire, en 2018. Levant les yeux au-dessus de ses lunettes au milieu de la lecture de l'acte, celui-ci s'est interrompu pour me dire, sans malice aucune : « Princesse, c'est original, comme prénom. » À quoi je répondis très naturellement : « C'est vrai. Je n'y avais jamais pensé. » C'était la première fois que cette mention n'avait, dans une instance officielle, plus *aucun* sens. C'est ce type d'expérience, aussi, qui marque le temps. Je n'aurai plus à y être confrontée : en 2020, l'informatisation a mangé ma couronne.

Toujours est-il qu'enfant je n'avais aucun mal à m'identifier à ces princesses dont tous les contes de fées promettent l'avènement et le triomphe, puisque j'en étais une moi-même. J'étais la Princesse au petit pois, Peau d'âne, la Belle au bois dormant. Ce qui ne m'empêchait pas de me prendre pour Robin des Bois et David Crockett aussi. Le jour où j'ai vu *Blanche-Neige*, je n'ai cessé de fredonner : « Un jour mon prince viendra… » – je ne jurerais pas que ce prince n'était pas, dans mon esprit, mon père. Ma réalité œdipienne et protocolaire était celle de mes dessins animés préférés, qui dupliquaient ma vie familiale. Tout cela était d'une logique sans défaut.

Entre la théorie enseignée à l'école, les usages dans le service public et la pratique exercée à la maison, la dernière l'emportait haut la main, pour la simple raison qu'elle était une expérience concrète, vécue quotidiennement, c'est-à-dire, pour une enfant, inattaquable comme l'est la réalité. Alors même que j'ai quitté le foyer familial à l'âge de dix-neuf ans, abandonnant d'un coup tout un monde d'habitudes, de

Fiction des origines

rituels et d'appellations officielles, l'enracinement de certains réflexes continue de m'étonner.

Il y a quelques années, de passage à Paris, je traversais le parc Monceau pour me rendre à un rendez-vous quand j'entendis un homme dans mon dos lancer sur un ton impérieux : « Princesse ! » Je me suis retournée instantanément, sans réfléchir une seconde, pour savoir ce qu'il me voulait. Il rappelait sa chienne.

Les voix impénétrables du passé

Les mondes mettent longtemps à mourir, plus encore à disparaître tout à fait. Ils cohabitent plutôt, se superposent et traînent dans le temps. Ils se prolongent et s'éternisent, par la voix des témoins qui, de récits en conversations, de souvenirs en affabulations, passent le relais, dans un chant en canon qui se perd en échos interminables. Dès l'adolescence, j'ai aimé me trouver dans l'orbe de gens âgés, très âgés parfois, dont la façon de parler, les expressions, les intonations venaient d'une autre époque. Il me semblait que, par eux, je pouvais entendre le passé, seule façon de lui donner corps et, partant, de l'imaginer. Le fétichisme de ma quête s'accommodait d'approximations. Je me souviens d'un ami de mon père, le critique de cinéma Jean Domarchi, imitant Baudelaire, ou plutôt reproduisant l'imitation entendue de quelqu'un qui avait connu le poète... Baudelaire réincarné dans l'embrasure du salon ! Je vérifie sur Internet : Jean Domarchi est mort en janvier 1981. J'avais, au mieux, treize ans lorsque je l'ai entendu déclamer, mais je jure me souvenir comme hier de sa diction un peu sinueuse, sévère, comme retenue, corsetée, filtrant de lèvres quasi closes. La bouche de Baudelaire, sur la photographie de Carjat.

Dans cette traversée presque inintelligible des couches du temps, je me sens, à bien des égards, tombée en droite ligne et en chute libre du XIXe siècle. Mon père n'avait-il pas lui-même été élevé en partie par sa grand-mère, née en 1867, sous Napoléon III ? Celle-ci, descendante du maréchal Ney, ne chérissait-elle pas le souvenir de ce vieux jardinier de Trianon, vétéran de la Bérézina, qui faisait tournoyer sa cape pour lui montrer comment le maréchal la portait lors de la retraite de Russie ? Mon grand-père maternel, né en 1905, n'avait-il pas connu enfant le page de Charles X, alors vieillard cacochyme ? Ces doubles saltos arrière dans la chronologie me subjuguent. Ils me font penser à la marche du cavalier sur l'échiquier, la plus énigmatique, dont une version possible est : un pas de côté, deux en arrière. Parfois, une seule vie les ramasse, comme celle de mon arrière-arrière-grand-mère, la duchesse d'Uzès (1847-1933), née sous Louis-Philippe et morte à l'accession d'Hitler au pouvoir. Et je ne laisse de m'étonner qu'Arthur Rimbaud (1854-1891) et Philippe Pétain (1856-1951), nés à dix-huit mois d'écart, aient donc été congénères, dans un arc temporel qui enjambe les débuts du Second Empire et l'après-Seconde Guerre mondiale, ou que la petite-fille de George Sand ait pu témoigner à la télévision en 1961, à quatre-vingt-quinze ans, des déjeuners à la table de sa grand-mère, où elle était assise à côté de Flaubert.

Très tôt, j'ai su remonter le temps sans effort, en me constituant une mémoire par procuration, dépositaire de souvenirs que je n'avais pas vécus. Tout me semblait à portée de main, comme s'il suffisait de jouer à la marelle pour accéder à une époque improbable, atteinte en quelques cases parcourues à cloche-pied. Il n'y avait, au fond, par le truchement de mon père et de son éducation, qu'un degré de séparation entre moi et la société décrite dans *À la recherche du temps perdu*, univers à l'évidence lointain, révolu, et pourtant si familier.

Aujourd'hui encore, je ne me lasse pas d'écouter Louis Gautier-Vignal, Paul Morand ou Jean Cocteau, enregistrés par la radio ou la télévision, imiter la voix mélodieuse de Proust – imitations dont la concordance renforce l'effet de vérité. Les nombreux entretiens avec Céleste, dont on confondait la voix au téléphone avec celle de son maître, apportent une indication supplémentaire sur la prosodie proustienne, musicale et légèrement traînante. Et j'eusse été mille fois plus émue d'entendre Proust dérouler sa phrase interminable, même sur un vieux gramophone grésillant, que de saisir sa (supposée) silhouette au vol dans ce petit bout de film de 1904 récemment retrouvé où l'on voit un jeune homme pressé en chapeau melon descendre l'escalier de la Madeleine à la sortie du mariage d'Elaine Greffulhe et d'Armand de Guiche.

Tous les témoins s'accordent sur un fait : Proust parlait comme dans son livre, il n'y avait pas de différence entre sa phrase orale et sa phrase écrite. «Sa parole lente et continue. Extraordinaire abondance d'incidentes, mais sans que jamais le fil se perdît», note Jacques Rivière. Une seule et même phrase, confirme

Paul Morand, « très chantante, qui n'en finissait jamais, pleine d'incidentes, d'objections qu'on ne songeait pas à formuler mais qu'il formulait lui-même. Elle ressemblait à une route de montagne qu'on gravissait sans jamais arriver au sommet. Beaucoup d'incidentes, qui soutenaient la phrase comme des espèces de ballonnets d'oxygène et qui l'empêchaient de retomber, pleine d'arguties, d'arborescences, tout ça très fluide, très doux. Très doux et en même temps très viril ». Car la voix de Proust, qui roule dans mon oreille de lectrice et de voyageuse à l'intérieur du temps, était « insinuante mais autoritaire ».

« Ce petit journaliste
que je mettais en bout de table... »

Un mot célèbre résume la perspicacité de l'aristocratie à l'endroit de Proust. Alors que l'écrivain s'apprêtait à signer le livre d'or, le duc de Gramont chez qui il était invité, craignant qu'il n'occupât toute la page par une phrase interminable, lui glissa : « Votre nom, Monsieur Proust, mais... *pas de pensée !* » Proust, qui rapporte cette anecdote à son ami Bertrand de Fénelon dans une lettre datée de l'été 1904, commente fort à propos : « Le désir d'avoir le nom et la crainte d'avoir la "pensée" eussent été plus justifiés si c'était moi qui l'avais eu à dîner et lui avais demandé de signer : "Votre nom, Monsieur le Duc, mais pas de pensée." »

1904, c'est l'année où Proust commence à fréquenter l'hôtel Murat, propriété de mon arrière-grand-mère, Cécile Ney d'Elchingen (1867-1960), mariée à seize ans au prince Murat, dont elle aura huit enfants, sept garçons et une fille. Proust, dont la mère était juive, ne pouvait en aucun cas ignorer l'origine de l'immense fortune familiale : Cécile n'était autre que la petite-fille de Mme Furtado-Heine (1821-1896), fille et femme de banquiers richissimes et petite-fille du rabbin de Bayonne[1]. C'est cette dernière, nièce du ministre Achille Fould et, par mariage, du poète Heinrich Heine, qui fera ériger sous le Second Empire un hôtel fastueux, inauguré par l'impératrice Eugénie, situé au 28, rue de Monceau. Les Rothschild s'installeront bientôt au n° 45-47, les Camondo au n° 61 et les Ephrussi au n° 81. Cette immense demeure, rehaussée d'un étage par mon arrière-grand-mère pour y loger sa nombreuse progéniture, deviendra au fil du temps le rendez-vous du Tout-Paris, la halte de bien des têtes couronnées de passage en France et la résidence du président Woodrow Wilson au moment des pourparlers du traité de paix en 1918, ce qui lui valut alors le surnom de « Maison-Blanche de Paris ».

Mon père a vécu dans le culte de sa grand-mère, dite maman Cécile, pour des raisons que je m'explique mal, tant cette femme, que je n'ai jamais connue, m'a

---

[1]. Cécile Furtado, nièce du ministre Achille Fould, épousa en 1838 Charles Heine, issu d'une famille de banquiers qui possédait la majorité des actions du port de Hambourg et qui avait créé à Paris un établissement bancaire. Ne pouvant avoir d'enfants, elle adopta la fille que son frère, Paul Furtado, aurait eue, selon les versions, avec une actrice, Marie Morel, ou avec la femme de l'amiral Duperré. L'enfant avait été prénommée Paule. Paule Furtado-Heine épousera en premières noces Michel-Aloys Ney, duc d'Elchingen et prince de la Moskowa, et en secondes noces Victor Masséna, duc de Rivoli et prince d'Essling, ce qui lui valut d'être surnommée « la mère de la Grande Armée ». Durant la Seconde Guerre mondiale, les cousins Heine viendront dîner chez mon arrière-grand-mère avec, cousue à leurs vêtements, l'étoile jaune.

toujours paru antipathique. Brutale. Méprisante. Et snob comme un pot de chambre, pour tout arranger. La haute conscience de sa naissance lui avait fait répondre à un magistrat qui lui demandait de prêter serment : « La parole d'une Ney devrait vous suffire. » Mariée à l'arrière-petit-fils de Murat, on la rebaptisa aussitôt « la reine de Naples[1] », surnom ironique visant aussi bien la prodigalité de son train de vie que l'infatuation de son caractère. Cet attachement à l'histoire lui commanda un geste qui rachèterait presque à mes yeux nombre de ses défauts : elle légua de son vivant, ce qui était alors très inhabituel, toutes les archives familiales aux Archives nationales. L'inventaire seul compte 221 pages. L'écrasante majorité des liasses ont trait à l'Empire, à la correspondance abondante entre Murat et Napoléon, aux cartes de batailles, aux traités, aux échanges diplomatiques. Sous le nom de mon arrière-grand-mère, on trouve les rubriques suivantes : correspondance, successions, chasse (à courre et au petit gibier), vie mondaine et fêtes (réceptions, bal de l'Opéra, dîners), voyages, voitures, œuvres de charité. Tout est dit.

En plein Front populaire, elle se rendait dans son château de Chambly, dans l'Oise, conduite par son chauffeur, Ludovic Lacuite, souverainement indifférente à ceux qui, le long de la route, levaient le poing. Mon père, qui avait onze ans à l'époque et qui

---

[1]. Appellation sans rapport avec la « vraie » reine de Naples de la *Recherche*, qui désigne la fille de Maximilien Joseph de Bavière, sœur de l'impératrice d'Autriche, dite Sissi.

l'accompagnait, avait gardé une forme de honte terrible de cet épisode, qui ne sera pas le seul. Un jour, elle entra dans une boulangerie, doubla la file d'autorité, prit une baguette, mordit dedans et cracha par terre pour protester contre la médiocrité du pain. Aux yeux de mon père, la princesse odieuse à ses heures s'effaçait néanmoins derrière la femme intrépide qui le faisait rire aux éclats, l'encourageait à piéger les invités avec des farces et attrapes (le coussin péteur, le sucre qui flotte et la cuiller qui fond, etc.), lui parlait d'elfes et de farfadets, lui inventait des histoires abracadabrantes, l'enrobait de fictions. Toute sa vie, il est resté dans ce cercle magique de la parole conteuse. Mère distante qui exigeait de ses enfants de lui écrire en anglais, elle sera une grand-mère facétieuse et populaire. Les quelques lettres de ses petits-enfants conservées aux Archives nationales suggèrent la même chose: elle était drôle et généreuse. La jeune génération lui parle librement et la tutoie, ce qui était rare à l'époque dans ce milieu.

Son portrait en pied par Boldini, daté de 1910, la montre comme emportée dans la spirale d'une robe noire brossée à traits vigoureux, la silhouette fine, le visage très dessiné, avec un nez droit, et le regard vague des gens du monde qui ne veulent pas être importunés. Mis en lumière, le décolleté, semé de roses, valorise un port de tête hautain, solitaire. «Le portrait est flatteur», assurait mon père, qui n'a pourtant connu le modèle que des décennies plus tard. Quelques exemplaires de «Permis de circuler en automobile» durant la Première Guerre, avec photo d'identité, confirment au contraire l'élégance de son profil – et la richesse exubérante de ses chapeaux foisonnant de plumes. Un homme y aura été sensible : Roger Luzarche d'Azay (1872-1962), militaire et agent secret français de cinq ans son cadet, qu'elle rencontre en 1901. Passé les tourbillons de la passion, une liaison romantique s'installera dans le temps jusqu'à la mort de mon arrière-grand-mère, en 1960. Une photo de l'amant, prise dans un safari en Afrique, subsiste dans les dossiers. On dirait un personnage échappé des *Brigades du Tigre*, série télévisée de mon enfance. Caricature du petit Blanc, guêtres montantes et nœud papillon, la pose avantageuse, les deux pouces coincés dans le gilet et la cigarette au bec, il se tient, le regard désabusé entre la visière de son casque colonial et une paire de bacchantes en guidon de vélo, devant une dizaine de guerriers dinkas entièrement nus. Souvenir signé : « Bahr El Gahzal, 1903, Lulu ».

J'ai retrouvé sur Gallica des photographies de mon arrière-grand-mère plus tardives, sur un terrain de sport, vêtue d'une robe mi-longue, d'une veste d'astrakan à manchons et coiffée d'un chapeau à la mode de 1920, aux côtés de l'athlète Violette Morris et de l'équipe féminine de football de l'Olympique de Paris, dont elle se sera sans doute faite la marraine. Dans son sourire en coin et ses yeux rieurs, je devine beaucoup mieux la personnalité évoquée par mon père : escarpins vernis dans la gadoue, elle a l'air ravi comme si elle venait de faire un sale coup. Maman Cécile croyait dans les vertus du sport et de la gymnastique au sol, qu'elle pratiqua bon pied bon œil jusqu'à sa mort, à quatre-vingt-douze ans.

Lorsque, encore adolescent, mon père comprit en lisant *À la recherche du temps perdu* que sa grand-mère avait connu Proust, il la pressa de questions. « Ah oui, répondit-elle évasivement, ce petit journaliste que je mettais en bout de table... » Il ne put rien en tirer de plus. Noblesse de robe ou d'épée, d'Ancien Régime ou d'Empire, l'aristocratie n'a rien saisi de la grandeur de Proust. Précisons tout de même qu'en 1904, année de la première visite de Proust, personne n'est en mesure de deviner le génie de l'auteur de la *Recherche*, qui n'a alors publié qu'un recueil de nouvelles, *Les Plaisirs et les Jours* (1896), et vient de sortir une traduction annotée de la *Bible d'Amiens* de Ruskin. Ni Gide ni Colette, agacés à la même époque par ce mondain érudit et cérémonieux qui commettait des articles au *Figaro*, n'auront plus de prescience. Et cet aveuglement persistera jusqu'au fameux refus par Gallimard du manuscrit de *Du côté de chez Swann*, assorti de ce commentaire lapidaire : « Trop de duchesses ! »

Un reportage tourné pour la télévision en 1961 sur l'hôtel Murat, juste avant sa démolition, donne un aperçu de ce monde englouti. Deux journalistes y mettent en scène, avec un mauvais goût consommé, leur curiosité admirative et goguenarde pour les splendeurs déchues du faste 1900. C'est à l'intérieur d'un vaisseau fantôme qu'ils pénètrent. L'ancien pavillon d'honneur est en ruine, les portes de l'hôtel sont garnies de scellés (ils ont été rompus pour les besoins du film, nous assure-t-on), le mobilier et les objets d'art étiquetés en vue d'une vente publique imminente. Si pathétique que soit le documentaire, il m'a absorbée dans une forme de fascination mélancolique. Ce décor intérieur encore intact, c'était celui où Proust avait dîné, conversé, posé ses yeux et pris des notes – comme le confirment ses carnets –, où Reynaldo Hahn s'était produit. Mais c'était aussi celui de l'enfance de mon père, nourri au lait de la vache qui paissait dans le parc. Toutes les mémoires s'y télescopent dans mon esprit : le monde de la *Recherche*, la légende de mon arrière-grand-mère et les récits de mon père sur sa vie dans cet hôtel.

Deux des fils de mon arrière-grand-mère, morte quelques mois auparavant, sont interviewés dans le film : Charles, colonel en retraite, en train de nettoyer son sabre pour la caméra, surjouant l'officier héréditaire ; Paul, qui raconte des anecdotes insignifiantes de sa voix de tête et reconnaît, devant une cage où pépient des perruches, qu'en tant que président de la Ligue française pour la protection des oiseaux on le surnomme « le prince Cui-Cui » – comment ne pas penser ici à cette manie du gotha de donner des surnoms, de préférence ridicules, fondés sur une répétition infantile de syllabes, dont la *Recherche* est pleine, de Mémé (Palamède de Charlus) à Babal (Hannibal de Bréauté), en passant par Cancan (le marquis de Cambremer), Grigri (le prince d'Agrigente) et Quiouquiou (Montesquiou) ? Leurs témoignages sont d'une platitude confondante. On retiendra seulement que le jour où les immeubles modernes commencèrent à gagner sur le parc, leur mère «a tiré ses rideaux, et c'est tout». Elle n'a pas dit un mot. N'est jamais revenue sur le sujet. Ne les a jamais rouverts. Rideau ! – à la lettre.

Le seul intérêt du film, c'est l'interview de Joseph, le premier maître d'hôtel. Un mythe de mon enfance, sur lequel mon père revenait sans cesse. J'ai beaucoup plus entendu parler de lui que de n'importe quel membre de ma famille. Joseph sur qui reposait l'intendance, Joseph qui faisait la loi en maugréant et savait les moindres secrets de la maison depuis les origines. Maître des horloges qui sonnaient tous les quarts d'heure et qu'il remontait chaque jour, assisté par Jean, le valet de pied qui portait l'escabeau, Joseph était surtout le détenteur des clés du royaume. Lui seul avait accès aux objets historiques entreposés dans des pièces fermées à double tour, de la tenue de caporal de Bonaparte à la robe de baptême du roi de Rome. Il connaissait la combinaison du coffre où reposaient le sabre d'Aboukir et le collier de l'ordre royal des Deux-Siciles, et il avait la haute main sur l'argenterie et les services de Sèvres, dont il prenait un soin exclusif et jaloux.

Cécile Gutzwiller, petite-fille de «maman Cécile» et cousine germaine de mon père, a vécu à partir de 1939, dès l'âge de huit ans, dans cet étrange palais figé dans le temps. Sa description n'est pas sans rappeler l'atmosphère de *Sunset Boulevard*, entre une vieille gloire de la haute société et son maître d'hôtel, où les conflits, les rancœurs et les insolences fusaient en permanence. Elle dépeint des rapports à couteaux tirés entre les deux protagonistes principaux, et brosse de Joseph le portrait d'un tyran acerbe et misogyne, dont les relations avec mon arrière-grand-mère, théâtralisées et même surjouées, n'étaient pas exemptes d'une certaine violence.

Dans les années 1950, à l'époque où les feux de la Belle Époque étaient éteints depuis longtemps, Joseph était devenu l'inamovible gardien du temple, qui continuait d'officier à chaque « dîner du samedi », réunion de quelques fidèles. Un soir, chargé d'un immense plateau, il s'était pris les pieds dans le tapis, renversant les tasses en porcelaine de Sèvres, et en se redressant avait déclaré : « Eh bien voilà, le café est servi. » Une autre fois, alors qu'il annonçait le dîner, la maîtresse de maison lui fit remarquer qu'il manquait un invité. Il n'en tint aucun compte et rétorqua : « Il n'avait qu'à être à l'heure » – poussant quelques instants après le retardataire à sa place en lui rappelant à voix haute : « Le dîner est à huit heures et demie précises. » Joseph avait ses têtes et supportait mal la critique. Les plats arrivaient tièdes. Ce qui avait fait s'exclamer un vieil habitué, Jean de Castellane, en se voyant proposer du champagne : « Ah, enfin quelque chose de chaud ! » Le caractère bien trempé de Joseph l'avait opposé plus d'une fois à mon arrière-grand-mère qui, un jour, excédée, lui signifia son congé. Le maître d'hôtel regagna calmement sa chambre sous les combles, où le personnel lui montait ses repas, et attendit que « la princesse » le rappelât. Ce qui advint, bien sûr, quelques semaines plus tard, si bien qu'il n'eut plus qu'à redescendre pour reprendre son service. Il n'avait jamais quitté l'hôtel.

Joseph Theis est resté soixante-deux ans au service de mon arrière-grand-mère, de 1898 à 1960, soit de l'âge de dix-huit à quatre-vingts ans. Voir son immense silhouette en livrée – noire depuis la mort de mon arrière-grand-père, en 1932 –, spectrale, dont l'ombre portée se découpe sur le mur de l'entrée, entendre sa voix émue et embarrassée de vieillard évoquer avec fierté les soirées de mille huit cents invités, avec musiciens et danseurs dans le parc où flottaient trois mille ballons de couleur, donne l'impression d'un véritable surgissement d'outre-tombe.

À quelques-unes de ces fêtes d'avant-guerre qui marquèrent la grande époque de la plaine Monceau, Proust assista donc, servi par Joseph. «Chez les Murat, c'est-à-dire dans le plus bel hôtel de Paris», écrit-il à sa mère. Invité régulier sans être un familier de l'hôtel Murat, Proust prendra au fil du temps ses distances et relativisera une prétendue proximité, assurant avoir été toujours noyé au milieu de deux mille personnes, chiffre rabattu à mille dans une autre lettre. Toujours est-il que c'est là qu'il est enfin présenté, le 22 juin 1908, à une jeune fille qu'il cherche à rencontrer depuis des mois, Oriane de Goyon. Cette introduction se fait en partie grâce à François de Pâris, un jeune fat qui cherche à rentrer en grâce auprès de Proust après avoir été désobligeant. Mais, selon un schéma psychologique bien connu chez l'écrivain, à «l'émotion énorme» de ce moment succède «une assez grande déception». La jeune fille ne correspond pas à l'image qu'il s'en était faite. Ce minuscule moment mondain n'est pas sans incidence sur la genèse de la *Recherche* : François de Pâris aurait appartenu à une famille dont une branche, éteinte, s'appelait les Guermantes ; quant à la jeune Oriane de Goyon, elle laissera son prénom à la plus fameuse duchesse de la littérature française.

L'attitude de Proust vis-à-vis de la noblesse d'Empire est ambivalente, son jugement s'étant progressivement durci – comme sur toute l'aristocratie en général, *À la recherche du temps perdu* étant, aussi, l'histoire d'une vaste désillusion et d'un renversement presque complet des opinions du narrateur. Il faut remonter à *Jean Santeuil*, ce premier roman autobiographique jamais publié du vivant de l'auteur, pour trouver l'hommage le plus vibrant à cette jeunesse que les armes et la bravoure avaient fraîchement anoblie. Le prince de Borodino, sans doute inspiré du comte Walewski, petit-fils de Napoléon et capitaine du régiment de Proust lors de son service militaire, en est la figure la plus emblématique :

> *Tandis qu'un seigneur légitimiste vous accable des témoignages excessifs de son amabilité trompeuse, de sa familiarité méprisante, s'amuse, comme pour vous jouer, à vous honorer, à vous enivrer de sa poignée de main tendue comme à un ami, de sa caresse sur l'épaule, de ses assurances dont l'exagération vous fait rougir, [un Borodino,] immobile, digne, vous observant majestueusement de ce front qui a été habitué depuis deux générations à gouverner, à pénétrer, à récompenser et, tandis qu'il ne pense à rien, semblant vous scruter encore de cet œil qui reste vague*

du regard de l'Empereur qui rêvait, vous tend enfin la main avec une bonne grâce assez réservée et assez digne pour qu'en ne cachant pas qu'il vous honore, il ne veuille pas sous-entendre qu'il vous joue, où il vous montre la distance au lieu de la cacher, mais pour vous la faire franchir au lieu de vous y enfoncer plus loin encore.

Borodino resurgit dans la *Recherche*, où il a Saint-Loup sous ses ordres à Doncières. Si le personnage a bel et bien gardé ses qualités, son aura se trouve quelque peu ternie par une série de commentaires sur l'ostracisme subi par la noblesse d'Empire, méprisée par celle d'Ancien Régime. Même Saint-Loup, qui estime Borodino et lui sait gré d'une indulgente générosité à son égard, ne peut s'empêcher de noter qu'après tout ces officiers aux titres si récents n'étaient, il y a deux générations, que des fermiers, et le seraient restés sans l'avènement de Napoléon. Toute la *Recherche* est parsemée de ces remarques grinçantes, les Guermantes ne ratant jamais une occasion de railler une noblesse de parvenus. Ainsi Charlus peut-il se moquer à peu de frais de la princesse d'Iéna : « Comme il n'existe pas de princesse de ce nom, j'ai supposé qu'il s'agissait d'une pauvresse couchant sous le pont d'Iéna et qui avait pris pittoresquement le titre de princesse d'Iéna comme on dit la Panthère des Batignolles ou le Roi de l'Acier. »

La rupture sera consommée à la publication de *Pastiches et Mélanges*, en 1919. Dans ce recueil, plus précisément dans le pastiche de Saint-Simon, composé avec une habileté redoutable, Proust s'attaque nommément aux Murat en caricaturant leur prétention à bénéficier de préséances sur les ducs d'Ancien Régime, «sous le vain prétexte de prince étranger», au motif que leur ancêtre fut «roi de Naples pendant quelques années». Le 1er janvier 1920, il écrit à son homme d'affaires et cousin éloigné Lionel Hauser:

> *Voici le malheur, momentané j'espère[,] qui est arrivé. Si tu as lu mon pastiche de Saint-Simon, tu as dû voir que j'étrillais vigoureusement la Princesse Murat. Elle est demi-sœur de M[m]e d'Albufera mais se détestaient, il a fallu ce pastiche pour les réconcilier sur mon dos, je pense surtout par colère de voir attaquée la noblesse d'empire. D'Albufera [ami intime de Proust, descendant du maréchal Suchet et lié par mariage aux Murat] n'a pas même répondu à l'envoi de mes livres. Pour comble dans la phrase sur lui, là où j'ai mis estime infinie, l'imprimeur a écrit estime infime. Fâcher à ce point les Murat (ce que je ne croyais pas) (manque de psychologie diras-tu) m'est tout à fait égal. Mais perdre une amitié comme celle de d'Albufera, ancienne, éprouvée, me peine infiniment.*

Louis d'Albufera, confident de Proust, aura aussi pu se reconnaître dans certains traits du Robert de Saint-Loup d'*À l'ombre des jeunes filles en fleurs*, qui obtint le Goncourt la même année 1919, et prendre ombrage des similitudes entre sa relation avec l'actrice Louisa de Mornand et la liaison de Saint-Loup avec Rachel.

Les gens du monde sont alors nombreux à s'agacer des emprunts de Proust, et se sentent ridiculisés – à raison. Plus tard, la chaleur des potins retombée, ils s'en trouveront flattés.

L'autre côté

La seule photo que mon père avait sur son bureau n'était pas un portrait de sa femme. C'était celui, par Nadar, de Louisa de Mornand, pseudonyme de Louise Montaud, aventurière, demi-mondaine et actrice au succès confidentiel, amante – je l'ai dit – du grand-oncle de mon père, Louis d'Albufera. Hasard objectif, je viens de retrouver cette photographie dans mes cartons d'archives, à la faveur d'un emménagement.

Je me souviens très bien du jour où j'ai demandé à mon père qui était cette femme à la chevelure abondante, enveloppée dans un mouvement vague de taffetas blanc, une épaule largement dénudée : « C'est la seule femme que Proust aurait aimée. » Ce qui n'est pas tout à fait exact, Proust ayant eu, d'une part, plusieurs inclinations sentimentales et très fugitives pour d'autres femmes, ses grandes amours étant, d'autre part, exclusivement réservées aux hommes. Il n'en reste pas moins que Proust vécut entre 1903 et 1908 dans un trio amoureux entre Louis et Louisa, jouant le rôle de *go-between* et de boîte aux lettres entre les amants, dont la liaison perdurera au-delà du mariage de Louis avec Anna Masséna en 1904. Proust confessa certes une inclination pour Louisa, mais que la comédienne exagérera et exploitera, à mesure que la réputation de l'auteur de la *Recherche* grandissait. Je me rends compte aujourd'hui que mon père aurait très bien pu la connaître, Louisa de Mornand étant morte en 1963.

Les visites de Proust à l'hôtel Murat jusqu'à ses railleries dans le pastiche de Saint-Simon, son amitié sincère pour Louis d'Albufera, rappelée par la présence inattendue du portrait de Louisa chez mon père, m'ont toujours convaincue que seule ma famille paternelle avait eu un lien, fût-il superficiel, avec l'écrivain. Personne, du côté Luynes, très ignorant de littérature, n'avait jamais fait allusion à Proust, qui mentionne ici et là le nom de la famille dans la *Recherche* ou dans ses chroniques mondaines, en passant et sans s'arrêter. Je me trompais.

Bien avant de se rendre à l'hôtel Murat, Proust a assidûment fréquenté un autre salon, celui de Madeleine Lemaire, peintre des roses et personnalité du Tout-Paris, passée à la postérité pour avoir inspiré le personnage de Mme Verdurin. D'avril à juin, « la Patronne » recevait le mardi, dans un hôtel très exigu où s'entassaient les gens du monde et les artistes en vogue, assemblée dont la bigarrure était la première qualité et dont les « raseurs » étaient exclus. Ce lieu sera déterminant dans la vie de Proust. Très tôt, Madeleine Lemaire protège les amours de Marcel avec le compositeur Reynaldo Hahn, qui se produit régulièrement chez elle à Paris ou au château de Réveillon. Elle est pour Proust un substitut à sa « mère légale », il la nomme sa « Belle Marraine » et, en 1896, lui confie les illustrations de son premier livre, *Les Plaisirs et les Jours*. « En dehors de la famille, elle est de toutes les créatures vivantes, celle qui a le plus fait pour moi », reconnaîtra plus tard l'écrivain, à une époque où leurs liens se sont quelque peu distendus. C'est dans le salon de Madeleine Lemaire, entre autres, qu'il rencontre Robert de Montesquiou, à qui Charlus doit tant, là, encore, où il aurait entendu pour la première fois la *Sonate en ré mineur pour piano et violon* de Camille Saint-Saëns, l'un des modèles de la petite phrase de Vinteuil.

En 1903, dans un article pour *Le Figaro* signé « Dominique », Proust décrit l'ambiance surchauffée qui régnait dans le salon de son amie, et note :

> *Près du piano, un homme de lettres encore jeune et fort snob, cause familièrement avec le duc de Luynes. S'il était enchanté de causer avec le duc de Luynes, qui est un homme fin et charmant, rien ne serait plus naturel. Mais il paraît surtout ravi qu'on le voie causer avec un duc. De sorte que je ne puis m'empêcher de dire à mon voisin : « Des deux, c'est lui qui a l'air d'être "honoré". »*

Proust ne résiste jamais aux calembours. « Honoré » était le prénom du duc de Luynes (1868-1924). Quand a-t-il rencontré Proust pour la première fois ? Peut-être en 1896, lors d'une soirée rapportée par *Le Gaulois* où leurs deux noms figurent dans « l'assistance d'élite » réunie chez leur amie commune. Marcel a vingt-cinq ans, Honoré vingt-huit.

Je ne sais rien de cet arrière-grand-père, sinon qu'il était monarchiste, proche de l'Action française et dévoué au duc d'Orléans. Il prit une part active dans la guerre, comme officier sur le champ de bataille mais aussi comme diplomate, en Russie, en Roumanie et en Perse. Je me souviens de son portrait photographique, posé sur une table à Luynes, où il figure assis à son bureau, tourné de trois quarts, posant son regard clair, dans l'ovale gracieux de son visage, face à l'objectif. Cet exact contemporain de Proust allait mourir deux ans après lui, en 1924, à l'âge de cinquante-cinq ans, de chagrin. Un entrefilet parut alors dans le *New York Times* : « Le duc de Luynes, représentant du duc d'Orléans, prétendant au trône de France, est mort. Il ne se remit jamais du choc de la mort de son fils aîné, le duc de Chevreuse ».

Ce fils né en 1892, étudiant en sciences, avait commencé son service militaire en 1913 et dès lors ne quitta plus les armes, jusqu'à sa mort à l'âge de vingt-six ans. Le sous-lieutenant Charles d'Albert de Luynes, qui participa à la bataille de la Marne, fut détaché comme interprète au 10th Royal Hussars britannique, puis affecté au 4ᵉ régiment de chasseurs d'Afrique engagé sur le front d'Orient, reçut la Croix de guerre en 1916 et le Mérite de Serbie, survécut au paludisme, pour entrer finalement à l'école d'aviation et mourir du côté de Chantilly, à bord de son biplan, après une chute de quatre-vingts mètres. Cinq ans sous l'uniforme, pour s'écraser au sol lors d'un entraînement en janvier 1918, quelques mois avant la fin de la guerre.

Sa mort brisa son père, et changea le destin de son frère cadet Philippe, alors âgé de treize ans – mon futur grand-père –, qui héritait soudain une couronne ducale et, à dix-neuf ans, à la mort de son père, un patrimoine colossal, dont les châteaux de Dampierre dans les Yvelines, de Luynes en Touraine, et de Châteaudun en Eure-et-Loir. La perte d'un frère érigé en modèle héroïque, suivie d'une période d'affliction qui emporterait son père, devait décider du reste de sa vie, et orienter son mariage avec une richissime héritière argentine en 1936.

Philippe de Luynes et Juanita Diaz Unzué auront dix enfants. La naissance de l'aînée, ma mère, en 1939, sera encadrée par deux enfants mort-nés, puis suivie d'une deuxième fille. En 1943 naît le premier fils, enfin. Il mourra à quinze ans de la poliomyélite. Son prénom était Charles, en hommage à celui dont la vie avait été brisée par la guerre. Sa mort, seul, en Suisse, dans un poumon d'acier, a réduit toute la famille au silence et au refoulement d'un chagrin proprement indicible. Est-ce cette répétition tragique du destin, cette suite de morts et de tombeaux mal scellés, qui aura fini par rigidifier les rapports familiaux, comme si la tendresse était frappée d'une sourde interdiction ? Non pas qu'il n'y eût pas d'affection. Mais elle était désincarnée, et toujours distante. Ce qu'on appelle, par euphémisme, la pudeur.

Aujourd'hui, je ne me console pas de la correspondance perdue entre mon arrière-grand-père et Proust, dont quelques lettres à d'autres correspondants se font l'écho par bribes éparses et propos rapportés. À Clément de Maugny, Proust confie par exemple :

> *Les parents qui souffrent sincèrement de la mort d'un enfant me déchirent. Je dois dire, ce qui est peu à l'honneur de la « société », que cette sensibilité est plus profonde chez les gens du peuple que dans le monde où je trouve que l'on se console avec une terrible facilité. Il y a des exceptions bien entendu. J'ai reçu du duc de Luynes une lettre qui est le cri de détresse le plus émouvant que j'aie jamais entendu. Celui-là est vraiment un père.*

Que Charles soit mort de la même façon qu'Alfred Agostinelli quatre ans plus tôt ne doit pas être étranger à l'émotion de Proust, qui, quelques mois plus tard, apprenant la mort de Roland Garros dans un combat aérien, écrit à Cocteau : « Ma consolation est de penser que vous aurez cette douceur, vous qui l'avez tant aimé, de l'avoir dans vos vers fixé pour toujours dans un ciel où il n'y a plus de chutes et où les noms humains demeurent comme ceux des étoiles. »

De quelle nature étaient les regrets de mon arrière-grand-père pour qu'il n'hésite pas à se plaindre auprès du romancier en 1922 : « Vous avez construit autour de vous une vraie forteresse et ne m'abaissez jamais le pont-levis » ? Cette formule plut tant à Proust qu'il y revient par trois fois dans sa correspondance, comme ici : « Le duc de Luynes m'écrivait gentiment l'autre jour (et c'est justement quelqu'un que je connais à peine quoique depuis très longtemps) me demandant si je continuerais toute ma vie à épaissir la forteresse où je me mure, si je ne consentirais jamais à abaisser pour lui le pont-levis. J'aurais pu envoyer sa lettre comme certificat de non-snobisme à Mme Lemaire. Cela n'aurait servi à rien.» Sur quoi se fondait Proust pour comparer le duc de Luynes, «si fin, si courtois, la grâce même», écrit-il ailleurs, à Charlus? Cette comparaison, qui ne peut avoir qu'une seule signification tant Charlus incarne à lui seul l'homosexualité masculine, corroborerait-elle une rumeur insistante sur le lien très étroit que mon arrière-grand-père aurait entretenu avec le baron Eugène Fould-Springer (1876-1929)? Autant de questions sans réponses.

Pour ténus qu'ils soient, les quelques fils de la Vierge tissés entre Proust et ma famille, qu'il s'agisse des Murat ou des Luynes, dessinent un univers où se retrouvent la plupart des ingrédients de la société aristocratique de la Belle Époque décrite dans la *Recherche*: les mariages d'argent, les tensions entre noblesse d'Ancien Régime et noblesse d'Empire, les croisements avec le «sang juif», les détours clandestins par Sodome…

Un détail dans cette toile d'araignée recomposée de la société 1900 m'a frappée dans ma petite enquête. L'hôtel de Madeleine Lemaire où l'écrivain rencontra Honoré de Luynes se situait au 31, rue de Monceau. *Exactement* en face du 28, où s'élevait l'hôtel Murat. Le premier a été très remanié, le second n'existe plus, mais là, dans ce mouchoir de poche, ces quelques mètres carrés d'asphalte du VIIIᵉ arrondissement où je suis retournée un jour de pluie pour constater la proximité des bâtiments, les deux côtés se touchaient donc déjà, bien avant le mariage de mes parents, comme ceux de Méséglise et de Guermantes, par la grâce de Marcel Proust.

Tante Oriane et oncle Basin

Toute mon adolescence, j'ai entendu parler des personnages de la *Recherche*, persuadée qu'ils étaient des oncles ou des cousines que je n'avais pas encore rencontrés, dont on rapportait les bons mots exactement comme on citait les saillies dans les dîners en ville de personnes réelles desquelles il m'était impossible de les distinguer. Les répliques de Charlus, les vacheries de la duchesse de Guermantes se confondaient avec les boutades les plus piquantes de la famille, sans solution de continuité entre fiction et réalité. Qui avait dit de la famille d'Edmond Frisch, tardivement fait duc de Fels par le pape : « Ils se sont felsifiés pour se défricher » ? Était-ce dans la *Recherche* ou une flèche lancée au milieu du salon ? L'un n'empêchait pas l'autre. Combien de fois n'ai-je pas entendu mon père répéter à dîner l'une de ces vieilles plaisanteries de Cottard, comme s'il venait de la sortir de son chapeau : « J'aimerais mieux l'avoir dans mon lit que le tonnerre » ? De même, lorsque le marquis de Ségur, descendant de la célèbre conteuse, venait dîner, ce qui lui arrivait souvent, il était accompagné chaque fois d'une femme différente qu'il appelait en privé

« Madame de Maintenant » – et je ne serais pas surprise que l'origine de ce mot d'esprit se trouvât chez Saint-Simon, dont on sait combien Proust l'admirait.

Dans ce mélange superficiel de mondanité et de littérature, j'ai vu des duchesses illettrées se moquer du snobisme de Proust et de sa fascination pour l'aristocratie ; j'ai entendu des propos dégoulinants d'antisémitisme dans la bouche de gens très distingués qui adoraient les Rothschild et passaient leur temps à fustiger la vulgarité de Mme Verdurin ou à célébrer le goût exquis d'«Oriane», comme si elle venait de sortir du salon.

J'ai fini, vers l'âge de vingt ans, par lire *À la recherche du temps perdu*. Aborder la *Recherche*, on le sait, provoque chez la plupart des lecteurs et des lectrices, même les plus accompli·es, à quelque âge que ce soit, une série d'émotions spécifiques. On s'y attaque comme à une forteresse, on s'y lance comme dans une expédition, en prévoyant tout un été, voire une année entière pour arriver au bout du voyage. Pour aucune autre œuvre l'expression «s'en faire toute une montagne» ne paraît plus appropriée. La réputation du roman, sa longueur légendaire (sept volumes en poche n'ont pourtant jamais tué personne), mais surtout la glose qu'il suscite à travers le monde engendrent un sentiment d'inhibition jusqu'à la dernière minute : parviendrai-je à franchir le Rubicon et à passer de l'autre côté ? Dans mon cas, ce risque d'inertie se doublait d'un fâcheux contretemps. Dès l'enfance, j'avais entendu parler des personnages et de tous leurs modèles, des lieux, des références, des anecdotes. Appelons cela, pour aller vite, un *spoiler*.

La découverte n'en fut que plus stupéfiante. De la chronique mondaine à laquelle elle avait été honteusement réduite, la *Recherche* s'élevait, fabuleuse, dense et tournoyante comme une spirale qui m'évoquait la tour de Babel de Brueghel l'Ancien, cette tour ouverte sur le monde et la nature, bâtie sur une masse rocheuse où s'intègre l'architecture, où à chaque étage une multitude de personnages, détails minuscules ramenés à l'échelle, vaquent à leurs occupations[1]. Non seulement ce monument littéraire n'était pas le fort imprenable dont on m'avait menacée, mais il formait l'espace *intelligent* qui invitait à tourner sans fin, entrer, sortir, grimper, redescendre, emprunter tous les escaliers et arpenter tous les couloirs du Temps. Ce livre immense m'enchantait comme un kaléidoscope dont chaque mouvement révèle des figures et des combinaisons insoupçonnables, des mondes infinis.

Il m'autorisait, surtout, à relire le réel sous un autre jour. L'énorme supériorité de Proust par rapport à une classe sociale infatuée et inculte m'a saisie de façon inoubliable, en me révélant la plus libératoire des identifications symboliques, qui se vérifierait à toutes mes relectures : les gens qui m'entouraient étaient, *stricto sensu*, des personnages de Proust. Et ce qui achevait de m'en convaincre, c'est qu'ils ne s'en rendaient même pas compte.

---

1. Brueghel l'Ancien a peint deux tours de Babel. La « petite » (*c.* 1568) se trouve au musée Boijmans Van Beuningen de Rotterdam. La « grande » (*c.* 1563), à laquelle je fais allusion, est conservée au Kunsthistorisches Museum de Vienne.

Dans le climat de confusion entre la littérature et la vie où j'avais baigné, je m'étonnais à peine de lire que Robert de Saint-Loup fût l'ami de mon arrière-grand-oncle, le duc d'Uzès, à qui il avait servi de témoin lors d'un duel (*À l'ombre des jeunes filles en fleurs*), ou que le prince de Borodino, son supérieur à Doncières, allât dîner chez les Murat (*Le Côté de Guermantes*), ou encore que Charlus comparât les Guermantes aux Luynes (*La Prisonnière*).

Même ténues et semées comme en passant, ces références établissant des passerelles entre personnages inventés et individus ayant existé composaient dans mon cerveau malmené une constellation inattendue. Sa structure reposait sur une logique spéculaire, «un mirage dans un miroir», pour reprendre la formule de Nabokov: d'une part, un effet de réel dans la fiction (que Saint-Loup soit l'ami du «vrai» duc d'Uzès prouvait son authenticité au-delà de son existence de papier) et, d'autre part, une fictionnalisation des noms de (ma) famille réels (que le duc d'Uzès soit intégré à un univers fictif lui donnait *de facto* l'aura d'un personnage de roman).

Mais il y avait beaucoup plus troublant. Dans une conversation, la duchesse de Guermantes jette au débotté qu'elle est la propre nièce d'une Mlle d'Uzès. Ce qui ferait d'elle sans aucun doute possible... ma tante. Ce n'est pas tout. Son mari, par un autre jeu d'alliances facile à tracer mais fastidieux à détailler, serait un de mes oncles, plus proche encore. Quant au prince de Léon, qui fait de brèves apparitions dans la *Recherche*, il a existé dans la réalité. Proust en fait le « beau-frère à Robert », comme dit la duchesse de Guermantes, c'est-à-dire le mari de la sœur de Saint-Loup. Dans la vraie vie, le prince de Léon deviendra duc de Rohan en 1893, à la mort de son père. Sa fille, Marie de Rohan-Chabot, peintre et écrivaine, « la jambe facile et le cœur sur la main », d'après Ferdinand Bac, était une amie de Proust, qui prétendit être vaguement épris d'elle à l'époque où elle avait une relation amoureuse avec le boulevardier Henri Bernstein. Elle épousera plus tard… le prince Lucien Murat. C'est donc par trois côtés que je me trouve prise dans la toile d'araignée de la tribu Guermantes.

Précisons que le duc de Guermantes profère à tout va : « Mais c'est un cousin d'Oriane ! », et que les Guermantes sont alliés à toute l'aristocratie française (et européenne), au point que « Mme de Guermantes se fais[ait] un devoir de dire "ma tante" à des personnes avec qui on ne lui eût pas trouvé un ancêtre commun sans remonter au moins jusqu'à Louis XV… ». Si bien qu'il n'est pas *si* extravagant de se trouver une parenté avec le duc et la duchesse de Guermantes lorsqu'on sort de ce milieu par ailleurs si endogame, qui adore exercer sa compétence à se repérer sans efforts dans la forêt généalogique, pour une raison très simple : l'aristocratie est le seul milieu social dont les membres peuvent quasiment tous revendiquer les racines (ou se rattraper aux branches) d'un même arbre pluriséculaire. C'est même sa particularité : constituer une classe minuscule en même temps qu'une immense famille unie, fût-ce au énième degré, par les liens du sang. En enchâssant à plaisir plusieurs de ses personnages dans des généalogies existantes – ainsi d'Hannibal de Bréauté (nom inventé), fils d'une Choiseul et petit-fils d'une Lucinge (noms attestés), ou du duc de Guermantes (nom éteint et « relevé » par le romancier), petit-fils d'une La Rochefoucauld (nom existant) –, Proust était le premier à introduire d'autres possibles dans le système impeccablement réticulé où j'étais née.

Toute généalogie est (plus ou moins) imaginaire. L'étrangeté de voir la mienne augmentée de tante Oriane et d'oncle Basin venait d'une impression de plausibilité. Celle-ci était due à un savant mélange de vrais et de faux noms, qui n'était pas sans rapport avec les perversités de l'autofiction. Je ne parle pas de la *Recherche* en tant qu'autofiction avant la lettre, point âprement discuté par les spécialistes, plutôt d'une opération d'*autofictionnalisation par la lecture*. C'est moi, en tant que lectrice, qui construisais une chimère au fil des pages, de plus en plus persuadée de rencontrer bientôt ma drôle de famille recomposée par la littérature dans la cour de quelque hôtel particulier de ces beaux quartiers où j'avais passé mon enfance. Jamais le roman familial, cet espace phantasmatique de la réorganisation de liens parentaux, n'avait mieux porté son nom.

Néanmoins, qu'est-ce qui distinguait cette lecture d'autres lectures romanesques où les noms de ma famille étaient mentionnés ? Le colonel Chabert n'avait-il pas été donné pour mort à la suite de la charge conduite par Joachim Murat à la bataille d'Eylau ? Le prince André n'avait-il pas médité sur les percées du même Murat, et échafaudé des plans à partir de la rumeur de son emprisonnement, dans *Guerre et Paix* ? Alexandre Dumas n'avait-il pas fait de mon ancêtre la duchesse de Chevreuse, figure de la Fronde, la propre mère (indigne) du très fictif vicomte de Bragelonne ? Le premier duc de Luynes ne figurait-il pas dans *Le Capitan* de Michel Zévaco et dans l'inoubliable *Cinq-Mars* d'Alfred de Vigny ? Pourquoi Proust, à la suite de tous ceux-là, parvenait-il à susciter chez moi pour la première fois un tel trouble non seulement identitaire, mais ontologique ?

Pour une raison évidente : la *Recherche* n'est pas un roman historique, c'est-à-dire un roman dont l'histoire dicte le décor et l'intrigue, et qui mêle, dans l'écriture et le pacte de lecture, l'invention d'une aventure à partir d'événements avérés. De plus – et il m'a fallu un moment pour comprendre l'importance de ce motif –, Proust ne prend pas ceux de mes aïeux qui ont eu un rôle significatif. Il convoque au contraire les transparents, les oisifs sans relief, dont le titre était la seule distinction et l'unique chance de (très relative) postérité :

> *À ce point de vue, si l'on n'est pas « quelqu'un », l'absence de titre connu rend plus rapide encore la décomposition de la mort. Sans doute c'est d'une façon anonyme, sans distinction d'individualité, qu'on demeure le duc d'Uzès. Mais la couronne ducale en tient quelque temps ensemble les éléments comme ceux de ces glaces aux formes bien dessinées qu'appréciait*

Albertine. Tandis que les noms de bourgeois ultramondains, aussitôt qu'ils sont morts, se désagrègent et fondent, « démoulés ».

Proust n'évoque pas des figures aux faits et gestes remarquables. Il instrumentalise des *noms* titrés à valeur de *signes*. Des silhouettes provisoires, des figurants dont le patronyme enferme une essence où le Temps s'est accumulé.

Tout a été dit sur la « théorie des noms » chez Proust, à commencer par Proust lui-même, qui a analysé dans *Contre Sainte-Beuve* et *Du côté de chez Swann* (« Noms de pays : le nom ») le pouvoir fantasmagorique du nom propre, cette monstruosité sémantique que rien ne vient réduire, sujet d'un fameux article de Roland Barthes, où il est précisé :

> *Le Nom propre dispose des trois propriétés que le narrateur reconnaît à la réminiscence : le pouvoir d'essentialisation (puisqu'il ne désigne qu'un seul référent), le pouvoir de citation (puisqu'on peut appeler à discrétion toute l'essence enfermée dans le nom, en le proférant), le pouvoir d'exploration (puisque l'on « déplie » un nom propre exactement comme on fait d'un souvenir) : le Nom propre est en quelque sorte la forme linguistique de la réminiscence.*

Barthes parle ici bien sûr d'une poétique des Noms propres (élevés à la majuscule) *inventés* dans la *Recherche* – Guermantes, Charlus, Bréauté, Villeparisis, etc. Ma lecture les a si bien associés aux noms réels de ma famille que ces derniers s'en sont trouvés décuplés dans leur pouvoir de réminiscence. Car c'est bien la fiction qui, par contiguïté, donnait tout son éclat à la réalité des noms inscrits de tout temps dans ma mémoire et qui, assoupis dans la poussière du Bottin mondain et des albums de famille, étaient devenus incolores. Guermantes rehaussait Uzès, Borodino ravivait Murat.

L'énorme littérature consacrée à l'onomastique littéraire chez Proust a mis de côté, du moins à ma connaissance, l'étude des noms patronymiques réels dans la *Recherche*. Ils sont pourtant, contrairement à ce qu'on entend souvent, très nombreux. Il suffit de feuilleter l'index des noms de personnes dans l'édition de la Pléiade (125 pages) pour constater leur présence par centaines, y compris dans la seule aristocratie française. Pourquoi et selon quels critères Proust les a-t-il choisis ? Quelle poétique a présidé à cette sélection ? Selon quel système d'assonances et de références ? L'écrivain aurait pu, comme Tolstoï, altérer très légèrement des noms aristocratiques célèbres (Volkonskij/Bolkonskij, Trubeckoj/Drubeckoj), assignant ainsi à ses personnages une identité nominale trop peu déformée pour ne pas rester familière à son lectorat. En choisissant de faire se côtoyer de « pures » inventions avec de « pures » réalités – comme avant lui Mme de La Fayette dans *La Princesse de Clèves* –, Proust ne renforce pas seulement la plausibilité de son récit, en l'intégrant à un contexte historique vérifiable. Il exploite une spécificité du grand monde, héritée du système royal, et dont Marjolaine Morin, dans *Grandeur et décadence de l'aristocratie chez Marcel Proust*, livre la clé : « le nom aristocratique recouvre une réalité gigogne, où les titres se superposent sans s'exclure, une réalité cachée au monde bourgeois ». Proust va tirer des fameux « noms à tiroirs », additionnant patronymes et titres, voire surnoms et diminutifs, une matrice à démultiplier et permuter les identités. C'est un module inespéré, qui fait accordéon.

Certaines familles portent des noms et des titres si différents que le profane a de quoi en perdre son latin. Le duc de Montmorency a ainsi pour frère le prince de Sagan et pour fils le comte Louis de Talleyrand-Périgord. Un grand ami de Proust, le duc de Guiche, deviendra duc de Gramont à la mort de son père, comme le prince de Léon, déjà cité, deviendra le duc de Rohan. C'est sur ce modèle que l'écrivain choisira d'appeler Basin prince des Laumes, avant qu'il ne devienne duc de Guermantes. Cette plasticité des noms et des adresses permet à Proust des jeux infinis. Ainsi le duc de Brabant, le prince d'Oléron, le prince de Viareggio ne sont qu'une seule et même personne : Palamède, baron de Charlus, alias Mémé. Le narrateur lui-même ne s'y retrouve pas au début. Ne prévient-il pas Charlus que le duc de Guermantes – dont il n'a pas compris que c'était son frère – est un imbécile ? (Mme Verdurin frôlera une gaffe analogue.) Ou qu'il s'est trompé de chapeau lorsqu'il reprend un haut-de-forme dont le fond est marqué d'une couronne ducale ? Le nom est aussi un piège dont Proust s'amuse et qu'il tend au lecteur, en lui dissimulant le plus longtemps possible, à la fin du roman, l'identité de la princesse de Guermantes, qui n'est autre que... Mme Verdurin, veuve et remariée. Bien plus qu'un accessoire, le nom est au cœur même de la machine romanesque, et l'intrigue consiste bien souvent à naviguer entre méconnaissances et reconnaissances d'identités en quelque sorte camouflées au grand jour.

La puissance du nom et de ses sortilèges ne doit cependant pas occulter l'essentiel. On sait par une lettre de juillet 1913 que Proust a un temps envisagé de diviser son œuvre en trois parties : l'âge des noms, l'âge des mots et l'âge des choses, partage sans doute jugé trop scolaire pour être retenu. Toute la *Recherche* peut être lue comme une investigation sur l'inadéquation des mots et des choses qui implique, à terme, une démonétisation inévitable des noms, de leur pouvoir extravagant et trompeur, et une relativisation de la fonction référentielle. C'est le constat dressé par le narrateur du *Temps retrouvé*, à l'heure où, son voyage s'achevant, il identifie la littérature à la vraie vie : « Je comprenais ce que signifiaient la mort, l'amour, les joies de l'esprit, l'utilité de la douleur, la vocation, etc. Car si les noms avaient perdu pour moi de leur individualité, les mots me découvraient tout leur sens. » Ce passage des noms aux mots dans la médiatisation du réel devait justement être au cœur de ma vraie lecture, de ma lecture approfondie et sans cesse recommencée, d'*À la recherche du temps perdu*.

La sublimation inverse

Limité au surgissement de noms familiers dans le cadre d'un roman, le trouble de ma lecture serait resté anecdotique. Mais le plus sidérant, c'était que toutes les scènes *lues* où l'aristocratie entrait en jeu étaient infiniment plus vivantes que les scènes *vécues* dont j'avais été le témoin, comme si Proust, à l'image du Dr Frankenstein, élaborait sous mes yeux le mode d'emploi des créatures que nous étions. Il mettait en mots et en paragraphes intelligibles ce qui se mouvait sous mes yeux depuis que j'étais née.

Ce fut un choc. Car, pour la première fois, *la forme proustienne donnait du sens à la vacuité de la forme aristocratique*. Le texte suppléait le vide, le roman prenait en charge le néant et la futilité d'un monde qui croyait posséder la clé de son royaume ; la littérature apportait consistance, densité et épaisseur là où ne régnaient qu'une pantomime sans enjeu et une suite de scènes chic dépourvues de chair et d'intérêt. En dévoilant les arcanes du milieu où j'étais née, Proust donnait (enfin) corps et relief à tout ce qui m'entourait et dont je n'avais eu jusque-là qu'une perception floue, indécise. Sa mise au point me rendait la vue sur l'intégralité du paysage, ses prises de distance et ses mises en perspective me donnaient l'impression d'être un astronaute lancé en orbite qui voit la Terre se détacher, autonome, dans l'espace intersidéral et en sera changé à jamais.

Ce renversement de la réalité et de la fiction, leurs emmêlements et démêlements, avait quelque chose de vertigineux. Car si le réel me sautait au visage et me prenait à la gorge à la lecture de la *Recherche*, qu'avait donc été ma vie, sinon une fiction ? Je ne dis pas cela par provocation ou pour le plaisir facile d'une déduction logique, tout aberrante qu'elle soit. C'est une hypothèse que je prends au sérieux. Pourquoi Charlus, dont je connaissais tant d'avatars en chair et en os, était-il plus vrai que nature ? Pourquoi les comportements de Mme de Villeparisis, qu'on aurait dit modelés sur ceux de mes tantes, se matérialisaient soudain avec une précision et une netteté inédites ?

Pour une raison que je ne m'étais encore jamais formulée : la caractéristique principale des gens du monde est d'être constamment en représentation. Il n'y a jamais de relâche dans le spectacle mondain. La façon de s'habiller, de parler, d'être, de manger, de marcher, de dire bonjour, de remercier, de signifier est en permanence sous le contrôle d'un œil au regard fixe, comme la conscience dans le poème de Victor Hugo – « L'œil était dans la tombe et regardait Caïn ». C'est celui de l'Histoire, dont il convient d'être digne. Ce phantasme, ou cette vue de l'esprit, est d'une autorité redoutable, *a fortiori* dans une famille où l'on s'est illustré sur le champ de bataille. « Il faut bien te persuader, écrivait le quatrième prince Murat à son fils à la chute du Second Empire, que tu as un nom qui est bien lourd à porter et que ce qui serait considéré comme très bien chez tout autre, ne te sera compté que comme passable. » Même les relations censément les plus simples sont marquées par l'idée – en partie inconsciente – d'appartenir à une caste modèle, qui exige d'être toujours *à la hauteur* et de *montrer l'exemple*. C'est un jeu de rôles permanent. Un aristocrate jouera l'aristocrate dans la moindre de ses actions, en remerciant un serveur, en saluant une connaissance, en se montrant généreux ou distant. L'aristocrate est, par excellence, quelqu'un qui se prend pour un aristocrate.

Impossible de ne pas penser ici à l'exemple du garçon de café, dont la danse professionnelle est destinée à prouver qu'il remplit bien sa fonction, selon la fameuse analyse de Sartre dans *L'Être et le Néant* :

> *Il a le geste vif et appuyé, un peu trop précis, un peu trop rapide, il vient vers les consommateurs d'un pas un peu trop vif, il s'incline avec un peu trop d'empressement, sa voix, ses yeux expriment un intérêt un peu trop plein de sollicitude pour la commande du client, enfin le voilà qui revient, en essayant d'imiter dans sa démarche la rigueur inflexible d'on ne sait quel automate tout en portant son plateau avec une sorte de témérité de funambule, en le mettant dans un équilibre perpétuellement instable et perpétuellement rompu, qu'il rétablit perpétuellement d'un mouvement léger du bras et de la main. Toute sa conduite nous semble un jeu. […] Mais à quoi donc joue-t-il ? Il ne faut pas*

l'observer longtemps pour s'en rendre compte : il joue à être garçon de café.

Comme le garçon de café, l'aristocrate « joue avec sa condition pour la réaliser ». Mais la différence, et elle est fondamentale, c'est qu'une fois son service terminé, le garçon de café dépose son tablier et retourne à la vie ordinaire – « Vous pouvez éteindre votre téléviseur et reprendre une activité normale », disaient les Guignols de l'info. L'aristocrate jouera l'aristocrate jusque dans son sommeil. Son rôle est comme la tunique de Nessus : il lui colle à la peau. Le garçon de café, le tailleur, le commissaire-priseur, autres exemples pris par Sartre, peuvent changer de métier et donc de mimiques professionnelles. L'aristocrate est incapable de changer de rôle. Car il a été éduqué *dans* le mimétisme. S'en défaire, cela reviendrait – croit-il – à changer la nature profonde de son être, comme si la noblesse était une partition inscrite dans les gènes à interpréter tous les jours. Il n'y a pas plus aliéné que l'aristocrate.

Naître et grandir dans ce milieu signifie donc partir avec un handicap cognitif sérieux, puisqu'il est à peu près impossible, lorsqu'on est élevé depuis l'origine dans ce théâtre qui ne ferme jamais, de faire la différence entre le rôle et la personne, la représentation et le référent, la fiction et la réalité. Or, en représentant des gens en représentation, Proust, capable de percer les secrets de leur pantomime, les rend en quelque sorte à leur nature véritable, positive, comme dans la formule mathématique $- \times - = +$.

Le passage où le narrateur observe M. de Charlus

à son insu, sortant de chez Mme de Villeparisis et baissant les paupières au soleil dans la cour de l'hôtel de Guermantes, vaut mieux que toutes les explications. Parce qu'il est convaincu de n'être pas observé, le baron a « relâché dans son visage cette tension, amorti cette vitalité factice », oublié d'arborer sa « brutalité postiche » pour laisser « l'aménité, la bonté […] s'étaler si naïvement sur son visage ». Ce moment de trêve subliminale dans le rôle de composition de Charlus révèle au narrateur une information capitale : ce qu'il lit dans cette « figure vue ainsi au repos et comme au naturel », ce à quoi lui fait penser le baron « qui se piquait si fort de virilité », c'est à une femme ! Charlus est un exemple superlatif. Il surjoue non seulement sa classe, mais une virilité destinée à masquer ses inclinations sexuelles. S'il aura suffi d'une minute subreptice pour percer à jour sa « vraie nature » (sexuelle), s'il arrive à sa voix de vriller dans les aigus au point de suggérer ses préférences pour le sexe fort, il n'y a pas un moment dans le roman où Charlus se déprend par inadvertance de son rôle d'aristocrate. Et pourtant, c'est bien un rôle, tout aussi composé que celui d'amateur de femmes. Grabataire à la fin du roman, il salue Mme de Saint-Euverte, qu'il avait passé sa vie à éviter et à conchier. Son orgueil a cédé devant la maladie, mais ses bonnes manières survivent aux pires attaques du cerveau.

Lorsque le narrateur croit reconnaître le baron à l'opéra et se rend compte de son erreur, il n'en place pas moins l'inconnu dans la même classe sociale, à cause d'une certaine façon de s'adresser aux ouvreuses. Là où le grand bourgeois « eût cru affirmer son chic par un ton tranchant, hautain à l'égard d'un inférieur, le grand seigneur, doux, souriant, avait l'air de considérer, d'exercer l'affectation de l'humilité et de la patience, la feinte d'être l'un quelconque des spectateurs, comme un privilège de sa bonne éducation ». Avoir l'air, affecter, feindre : aucun doute ne peut subsister sur la performance aristocratique, qui est sans repos. Proust emploie à cet égard et à plusieurs reprises le terme de « fiction », comme dans l'épisode où Robert de Saint-Loup, passant en calèche, adresse un salut impersonnel au narrateur, qui met aussitôt cette attitude distante sur le compte de la myopie de son ami. Or Robert lui avouera bientôt qu'il l'avait bel et bien reconnu. Stupéfait par cet aveu, le narrateur analyse la rapidité des réflexes de l'aristocrate à se composer une attitude de circonstance :

> *J'avais déjà remarqué à Balbec que, à côté de cette sincérité naïve de son visage dont la peau laissait voir par transparence le brusque afflux de certaines émotions, son corps avait été admirablement dressé par l'éducation à un certain nombre de dissimulations de bienséance et que, comme un parfait comédien, il pouvait dans sa vie de régiment, dans sa vie mondaine, jouer l'un après l'autre des rôles différents. Dans l'un de ses rôles il m'aimait profondément, il agissait à mon égard presque comme s'il était mon frère ; mon frère, il l'avait été, il l'était redevenu, mais pendant un instant il avait été un autre personnage*

qui ne me connaissait pas et qui, tenant les rênes, le monocle à l'œil, sans un regard ni un sourire, avait levé la main à la visière de son képi pour me rendre correctement le salut militaire !

Même le frère le plus sincère reste un rôle dans ce corps «dressé par l'éducation», ce corps d'animal de cirque, qui ne fait plus la distinction entre ses différents personnages. Robert a été à bonne école. N'est-il pas le fils de la comtesse de Marsantes, cette «parfaite chrétienne» qui ne pense qu'à faire à son fils un mariage «colossalement riche» et dont Proust nous dit : «Être grande dame, c'est jouer à la grande dame, c'est-à-dire, pour une part, jouer la simplicité»?

C'est aussi, et peut-être surtout, jouer le naturel. La princesse de Guermantes, qui, lorsqu'elle reçoit, passe d'un groupe à l'autre dans son salon, comme guidée par l'improviste, est une artiste en la matière, puisque en trois quarts d'heure elle a réussi à faire comme par enchantement le tour de tous ses invités. La facilité déconcertante qu'elle montre à cet exercice a pour but, dit le narrateur, «de mettre en relief avec quel naturel "une grande dame sait recevoir"». Autrement dit, le naturel ainsi joué n'a pas pour objectif de se faire oublier et d'être pris pour authentique. Il vaut au contraire pour sa mise en scène. Proust est sans conteste celui qui a pointé avec le plus d'acuité et de lucidité cette perversité très caractéristique du comportement aristocratique, qui n'aime rien tant que mettre subrepticement en spectacle sa discrétion, son naturel, sa modestie, sa simplicité, voire sa générosité, ruinant ainsi le principe intrinsèque à toutes ces qualités, quand la « vraie » noblesse eût été de les rendre indécelables et d'effacer toutes les coutures dans le montage d'un geste ou d'une pensée altruistes. Cette faiblesse pour le spéculaire contribue pour une large part à ce que Proust estime être, à raison, la vulgarité de l'aristocratie.

Ce qui me ramène au premier chapitre de ce livre, sur l'équidistance des couverts mesurée par un maître d'hôtel dans *Downton Abbey*. Ce à quoi je suis restée sensible, est-ce cette esthétique supposément invisible ou, au contraire, les signes de sa mise en scène ? Parce qu'au fond, ce que je voyais sur l'écran de mon téléviseur, c'était un cérémonial, certes dissimulé (personne n'est censé voir le maître d'hôtel officier), mais bien visible pour la spectatrice impliquée que j'étais. Je n'ai aucun souvenir d'avoir jamais vu un maître d'hôtel mesurer l'équidistance des couverts. Pourtant, la scène m'était si coutumière, l'ambiance si proche, si intimement familière... Je comprends maintenant que cette scène décrivait symboliquement, par métonymie, un principe fondateur du monde social de mon enfance : si l'intention morale est de viser l'invisibilité, c'est bien la théâtralité des moyens pour y parvenir que j'identifiais et discernais d'abord. C'est elle qui fixa mon attention et força les portes de ma mémoire.

La science du narrateur dans sa compréhension des usages du grand monde culmine dans *Sodome et Gomorrhe*.

La sublimation inverse

Je commençais à connaître l'exacte valeur du langage parlé ou muet de l'amabilité aristocratique, amabilité heureuse de verser un baume sur le sentiment d'infériorité de ceux à l'égard desquels elle s'exerce mais pas pourtant jusqu'au point de le dissiper, car dans ce cas elle n'aurait plus de raison d'être. «Mais vous êtes notre égal, sinon mieux», semblaient, par toutes leurs actions, dire les Guermantes ; et ils le disaient de la façon la plus gentille que l'on puisse imaginer, pour être aimés, admirés, mais non pour être crus : qu'on démêlât le caractère fictif de cette amabilité, c'est ce qu'ils appelaient être bien élevés ; croire l'amabilité réelle, c'était la mauvaise éducation.

Un épisode le prouve avec éclat. Alors que le duc de Guermantes fait mille signes au narrateur pour qu'il s'approche d'un petit groupe formé autour d'une tête couronnée, ce dernier, au lieu de répondre à l'invitation, s'incline profondément, et poursuit son chemin. Il tirera de ce salut et de cette réserve un bénéfice considérable – la duchesse de Guermantes rapportera l'épisode avec délice à la mère du narrateur. Car il a compris sa place, qui n'était pas parmi les grands de ce monde, contrairement à ce que le duc semblait suggérer. Il a marqué sa reconnaissance au duc, lui laissant le temps de mettre sa générosité en spectacle, et s'est effacé, comme il le lui était en réalité demandé. Ou comment se montrer accueillant envers un bourgeois pour mieux l'exclure du cénacle

– puis lui faire savoir combien sa compréhension a été appréciée en haut lieu.

Comme le narrateur « comprend » soudain que sa grand-mère est morte longtemps après son décès, à la faveur d'un souvenir involontaire resurgi à Balbec, lorsqu'il se penche pour enlever ses bottines, ma lecture de ces passages décisifs sur la mondanité me fait, chaque fois, « comprendre », c'est-à-dire prendre conscience des mécanismes de ma « bonne éducation », dans un monde où tout est code, et détails, que l'on a compliqués à dessein et à plaisir, acculant le profane à la gaffe à peu près inévitable. Car, aussi prévisible soit-il à bien des égards, ce milieu conserve en même temps, et jalousement, le secret de sa liturgie, qui fonctionne comme les actes de langage indirect, ces énoncés qui disent une chose pour en signifier une autre. Plus il est indéchiffrable, plus cet univers de façades se persuade de sa supériorité ; plus il est hermétique *en apparence*, plus l'entre-soi sera garanti. Mais Proust est passé par là. Et il a décrypté, déchiffré inlassablement des manœuvres dont les formes *a priori* subtiles ne parviennent pas à masquer la grossièreté du fond – ainsi parle-t-il des « manières souvent vulgaires de M. de Guermantes, du moins dans l'esprit qui les dirigeait ». Aux « demi-mots » et aux injonctions à « lire entre les lignes », à la culture de l'ambiguïté de ce grand théâtre de la cruauté, Proust substituait des mots d'une netteté sans équivoque, sans merci, à lire l'un après l'autre dans la chaîne ensorcelante de sa phrase, sans se préoccuper des interlignes, où ne règne que le vide.

Avec la *Recherche*, le graphisme abstrait de ma généalogie devenait enfin une épopée à trois dimensions. La littérature hissait ces hérauts de la vie mondaine ordinaire au rang plus enviable d'êtres humains, agités de passions inavouables, écrasés de hontes ou de faiblesses, derrière le masque de l'arrogance. Ce faisant, elle jetait une lumière impitoyable sur les individus supposément impeccables, constitués de lettres patentes et d'armoiries, qu'ils prétendaient être dans la réalité. Mon ambivalence vis-à-vis de l'aristocratie trouvait sa résolution : sensible, à l'occasion, à son sens du panache, mais aussi aux délicatesses morales de la grande politesse, je ressentais, dans le temps, un profond désarroi et même une angoisse face à son discours creux et sa complaisance passionnée envers le mensonge social. Or de l'état gazeux où elle demeurait indéfiniment, Proust la faisait passer d'un coup sous mes yeux à l'état solide. C'est ce qu'en chimie on appelle la *déposition* ou encore la *sublimation inverse*. L'aristocratie lui avait fourni une armée de pantins toujours de profil ; il lui renvoyait la longue scène chatoyante d'une foule en relief et en mouvement. Le fusil à l'âme vide se trouvait soudain chargé à bloc. L'imposture éclatait au grand jour. Je dois à Marcel Proust cette consolation immense d'avoir dévoilé cette vérité-là de mes origines grâce à la littérature, tellement plus exacte, et irréfragable, que l'Histoire. C'est une dette inouïe que je n'ai jamais eue et ne pourrai jamais avoir envers aucun autre auteur.

Cette dette est d'autant plus solide que Proust, attaché par vocation à la forme et passionné lui-même par les rituels, y compris protocolaires, n'entreprend pas une attaque frontale contre l'aristocratie, pas plus qu'il ne dresse contre la société le réquisitoire d'un mondain déçu ou frustré. Sa critique n'en est bien sûr que plus efficace. Proust fait mieux que révéler le squelette d'un système dont il démantèle les articulations. Il nous dévoile un secret : l'échafaudage qui se monte sous nos yeux ne s'appuie sur aucun bâtiment ; c'est une structure solitaire, aérienne et sans support, ne soutenant rien qu'elle-même. La raison pour laquelle sa vision du monde (de l'univers aussi bien que de la société) colle si bien à la démystification de l'aristocratie, c'est que ce système de signes repose sur le vide, comme l'explique Gilles Deleuze :

> *Le signe mondain ne renvoie pas à quelque chose, il en « tient lieu », il prétend valoir pour son sens. Il anticipe l'action comme la pensée, annule la pensée comme l'action, et se déclare suffisant. D'où son aspect stéréotypé, et sa vacuité. On n'en conclura pas que ces signes soient négligeables. L'apprentissage serait imparfait, et même impossible, s'il ne passait par eux. Ils sont vides, mais cette vacuité leur confère une perfection rituelle, comme un formalisme qu'on ne retrouvera pas ailleurs.*

Si bien que l'on peut se poser tout autrement la question de l'inspiration, cette tarte à la crème qui pousse les lecteurs à chercher le modèle de chaque personnage dans la réalité : Proust aurait-il trouvé dans la perfection rituelle et vide de l'aristocratie

l'esquisse, le schème imaginaire de son grand œuvre
– plein de sens, celui-là –, qu'il désirait bâtir comme
une cathédrale, fût-elle inachevée, une dentelle
gothique, une robe?

Un bal

Depuis des mois, lorsque je ne relis pas la *Recherche*, je manipule des bribes minuscules. Je cherche des indices dans les articles mondains de Proust et les vingt et un volumes de sa correspondance, je passe mon temps dans les index des biographies et des recueils de Mémoires. J'extrais les renseignements les plus futiles d'ouvrages savants, je m'use les yeux à visionner des articles accablants ou sans intérêt (souvent les deux) de gazettes antisémites et frivoles de la presse 1900, pour voir surgir ici un nom, là une date. J'ai même placé des alertes sur des sites de ventes aux enchères, si jamais une lettre émergeait, un détail. Mes parents sont morts depuis longtemps et je parle d'un temps que les moins de cent ans ont même du mal à se représenter. Je passe mes journées à ramasser des miettes. J'ai le sentiment de construire un château de sable et de manquer d'eau, ou qu'elle me coule entre les doigts.

Depuis des mois, j'ai la tête dans des constellations, sans cesse à tirer des plans sur la comète proustienne et sa traînée lumineuse dans le ciel de mon imaginaire familial. J'aimerais avoir le front de dire avec Robert de Montesquiou : « Je suis le souverain des choses transitoires », phrase inscrite sur son portrait photographique, daté de 1893, que le jeune Marcel lui avait demandé. Car le savoir que j'essaie de constituer est fragile, éparpillé, et volatil comme l'est la mondanité, mais aussi la mémoire, promise à l'inexorable effacement. Alors, quand se fixe, même fugitivement, cette poétique que je traque, où s'enchevêtrent, à un carrefour inattendu, la fiction et la réalité, le roman et l'histoire, la littérature et la vie, j'ai l'impression que le livre que j'aimerais écrire est possible.

C'est ce qui m'est arrivé hier soir, en pleine nuit, quand je me suis relevée pour vérifier une information. J'ai tiré de ma bibliothèque un livre de photographies, somptueusement imprimé, *Le Monde de Proust vu par Paul Nadar*, que je n'avais pas ouvert, je crois, depuis sa publication, en 1999. Et, comme souvent, la nécessité d'un simple recoupement m'a entraînée à parcourir le livre entier. Bien m'en a pris, puisque à la fin du volume je suis tombée sur une série de photographies d'un bal costumé mentionné par trois fois dans la *Recherche*, le bal du prince et de la princesse de Léon.

Cet événement mondain avait eu lieu le 26 mai 1891, dans un hôtel Louis XV du faubourg Saint-Germain situé au 35, boulevard des Invalides, aujourd'hui disparu. Le lendemain, *Le Gaulois* avait consacré une page entière (sur quatre!) à cette fête retentissante: « Tout le Paris élégant est sur pied: c'est presque un bal de Cour [...] Mais quoi! tout le monde a voulu en être [...]. » Marcel Proust, à l'époque, n'a pas encore vingt ans. Il n'a pas assisté au bal, mais il a très certainement lu les différents reportages qui en décrivaient les splendeurs dans les gazettes. Bien des années plus tard, il mettra dans la bouche de Swann des commentaires agacés sur l'espace excessif que la presse consacre à cet événement, auquel il fait participer la duchesse de Guermantes. Et, de fait, *Le Gaulois* signale la présence de deux femmes qui ont inspiré son personnage : la comtesse de Chevigné en Polichinelle jaune et la comtesse Greffulhe en Mme Récamier, dans un fourreau de satin blanc recouvert de tulle pailleté d'or.

Tout le gratin défile à partir de dix heures. Vers minuit commencent les entrées par groupes : « les saltimbanques », « une noce en 1791 », « la comédie italienne », où figurent mes arrière-grands-parents Murat en Scaramouche et Colombine. Mais ce sont « les quatre points cardinaux » qui surtout font sensation. Or les cinq photos de Nadar sur le bal du prince de Léon, prises dans son atelier et reproduites dans le livre, immortalisent précisément cette rose des vents humaine.

Le Nord est incarné par un seigneur moscovite de haute taille, toque de fourrure ornementée et manteau brodé. Avec son air grave qui ne sourit pas sous sa moustache et son regard sévère, le Nord prend son rôle au sérieux et jette un froid. C'est mon arrière-grand-oncle Jacques de Crussol, duc d'Uzès. À l'époque, il est l'amant de la demi-mondaine Émilienne d'Alençon, l'une des grandes beautés de son temps, fille d'une concierge de la rue des Martyrs, dont il est passionnément amoureux et qu'il veut épouser. Mais sa mère ne l'entend pas de cette oreille et l'enverra d'autorité dans une expédition militaire au Congo, où il trouvera la mort en 1893, à vingt-cinq ans. C'est à lui que Robert de Saint-Loup, dans le roman, aurait servi de témoin lors d'un duel. À moins que ce ne soit à son frère, Louis-Emmanuel, qui héritera la couronne ducale deux ans après ce bal, également présent sur la photographie de groupe. Déguisé en officier byzantin au casque garni de plumes extravagantes, il joue le rôle du Midi – sans guère plus de chaleur que son aîné. Dans le cortège, il précède l'impératrice de Byzance incarnée par Marie-Thérèse de Luynes, sa future femme. La princesse Radziwill, en impératrice du Japon, avec sa jupe d'or rouge et de chrysanthèmes achevée en traîne, représente l'Est. « Que sera l'Ouest ? » feint de s'interroger *Le Gaulois*. « Sera-ce l'Amérique, l'Angleterre ou la France ? » Le suspense ne dure pas longtemps. La France fait bientôt son entrée en chaise à porteurs, sous les traits de la duchesse de Luynes, née Simone d'Uzès, sœur des deux précédents – mon arrière-grand-mère –, en costume Watteau, parée de perles, de diamants et de rubis. D'un côté, son mari Honoré, le futur correspondant de Proust, habit de brocart mauve en argent, tricorne à plumes blanches et perruque poudrée, de l'autre, Boni de Castellane en maréchal de Saxe.

La photographie recèle une puissance redoutable. Évidente, immédiate, elle impose d'emblée son statut de *preuve*. C'est une trace (supposément) incontestable, qui pourtant n'est jamais à l'abri de possibles truquages, improbables dans le cas qui nous occupe. C'est donc vrai, cela a bien existé, se dit-on. Ainsi, il avait cette tête-là, l'ami de Saint-Loup, se persuade-t-on naïvement. Mais, outre leur valeur d'archives, ces documents possèdent une qualité spéciale : ils cristallisent, de façon à la fois imprévue et ironique, la réflexion de Proust sur le temps, à travers une aristocratie persuadée d'être la boussole de l'univers. Car que jouent ces gens du monde, sinon leur fascination maniaque pour l'exhumation du passé et de leur propre histoire ? Lorsque mon arrière-grand-père choisit de porter un costume Louis XV, il ne se déguise pas à proprement parler. Il endosse le rôle et les habits de son ancêtre, il réincarne sa propre dynastie, identifiée, en toute simplicité, à la France elle-même. La chaise à porteurs dans laquelle sa femme, figurant son pays, a pris place est frappée aux armes des Luynes, et les valets qui la transportent sont vêtus de la livrée de leur maison.

Certaines mises en scène du bal suscitent même un petit vertige, comme lorsque se présente le comte Orlowski, avec la cuirasse authentique de Charles Quint et, à la main, la véritable épée de Cosme de Médicis, prêtée par son oncle le duc de Dino...

Où finit la reconstitution, où commence le travestissement, dans ce grand spectacle du temps qui matérialise à travers des tableaux vivants plus vrais que nature la confusion délibérée entre la réalité historique et son *reenactment*, la relique et la mascarade, la tragédie et la farce ? Que sont ces images rescapées de l'oubli, sinon un bal de tête à l'envers, un carnaval défiant la mort en prenant l'avenir à rebours ?

Les souliers rouges de la duchesse

« Le plaisir aristocratique de déplaire... » Combien de fois cette citation de Baudelaire n'a-t-elle pas été répétée par les aristocrates eux-mêmes, persuadés que le poète justifiait par cette formule la supériorité d'une élite et légitimait sa morgue ? Ignorance mieux que mauvaise foi, la citation est le plus souvent tronquée de sa première partie, qui change pourtant singulièrement le propos : « Ce qu'il y a d'enivrant dans le mauvais goût, c'est le plaisir aristocratique de déplaire. »

Ce lien intime entre mauvais goût et aristocratie, vulgarité de sentiment et noblesse de rang, loin d'être une contradiction, constitue un paradoxe de surface dont Proust a fait une constante dans la *Recherche*, vaste mise en scène du dessillement social, où les personnages, de l'aveu même de l'auteur, se révèlent être à la fin le contraire de ce qu'ils apparaissaient au début. Sous le sadique, le tendre. Sous l'homme du monde, le rustre. Sous une duchesse de légende, une femme ordinaire. Le viril s'avérera l'efféminé, le noble l'ignoble. La *Recherche* ou le grand livre de l'inversion.

Quand on insiste tant sur le snobisme proustien, il conviendrait donc de rappeler dans la foulée qu'*À la recherche du temps perdu* est la critique la plus cruelle et la plus subtile de l'aristocratie française à laquelle se soit jamais livrée la littérature. Les intéressé·es ne s'y sont d'ailleurs pas trompé·es, à l'image de la comtesse de Chevigné, l'un des modèles de la duchesse de Guermantes, qui, furieuse de s'être reconnue dans un portrait somme toute peu flatteur, brûla toutes les lettres que Proust lui avait envoyées, au grand dam de l'écrivain… et de ses futurs exégètes. Progressive, cette critique culmine avec le pastiche du *Journal* des Goncourt, inséré dans *Le Temps retrouvé*, façon ironique – et très littéraire – d'attribuer une réalité à des personnages de fiction. Le commentaire prêté par Proust à Edmond de Goncourt peut valoir de Jugement dernier sur tout un milieu, prononcé par procuration, et de façon implicite, par le narrateur :

> *Tout de même, ces êtres-là, je les avais connus dans la vie quotidienne, j'avais souvent dîné avec eux, c'étaient les Verdurin, c'était le duc de Guermantes, c'étaient les Cottard, chacun d'eux m'avait paru aussi commun qu'à ma grand'mère ce Basin dont elle ne se doutait guère qu'il était le neveu chéri, le jeune héros délicieux, de Mme de Beausergent, chacun d'eux m'avait semblé insipide ; je me rappelais les vulgarités sans nombre dont chacun était composé…*
> Et que tout cela fît un astre dans la nuit !!!

Ces « vulgarités sans nombre », qui n'épargnent pas la bourgeoisie, visée à travers Cottard et les Verdurin, assimilant ainsi aristocrates et parvenus, appellent d'emblée un commentaire sur l'usage que Proust fait du mot de « vulgarité », presque toujours employé dans le sens « d'indélicatesse et de grossièreté des sentiments », tandis que l'adjectif « vulgaire » qualifie le plus souvent « ce qui est courant, commun au plus grand nombre » (aux yeux du vulgaire, une vulgaire connaissance, en langage vulgaire, etc.) et néanmoins, n'épargne pas le prince d'Agrigente, ce « vulgaire hanneton » qui pirouette avec une « lourde désinvolture qu'il croyait élégante ». Sur les trente-six occurrences du mot *vulgarité* repérées dans la *Recherche*, un nombre non négligeable est rattaché à l'aristocratie : c'est la vulgarité des « gens du monde » (citée deux fois), la « vulgarité gourmée des gens comme il faut », la « vulgarité méprisante des gens bien nés » ou, à propos du duc de Guermantes, la « vulgarité qu'il montrait trop souvent », dont aurait en partie hérité son neveu Robert de Saint-Loup. Proust la définit comme un trait de classe, mécanique, inconscient, atavique, pointant par exemple chez Robert « un dédain que certes il n'avait jamais éprouvé dans son cœur, mais qu'il avait reçu par héritage dans son corps ». Cet appariement *a priori* inattendu entre aristocratie et vulgarité, et qui serait un oxymore, s'incarne par ailleurs dans d'innombrables scènes où le comportement des gens du monde est déchiffré avec une clairvoyance sans merci.

L'un des sommets de l'exercice de lucidité proustien se situe à la toute fin du troisième volume, *Le Côté de Guermantes*. Il repose sur un détail (les souliers rouges de la duchesse de Guermantes) qui va suffire à déconstruire tout un système, celui de l'aristocratie. Un grand classique proustien. Explications.

Le narrateur, déjà revenu de bien de ses illusions sur l'aristocratie, assiste à une scène entre la duchesse de Guermantes et Swann, la première demandant au second pourquoi il décline son invitation à voyager en Italie avec elle l'année suivante. C'est alors que Swann lui annonce qu'il va mourir, les médecins ne lui donnant pas plus de quelques mois à vivre.

> « Qu'est-ce que vous me dites là ? » s'écria la duchesse en s'arrêtant une seconde dans sa marche vers la voiture et en levant ses beaux yeux bleus et mélancoliques, mais pleins d'incertitude. Placée pour la première fois de sa vie entre deux devoirs aussi différents que monter dans sa voiture pour aller dîner en ville, et témoigner de la pitié à un homme qui va mourir, elle ne voyait rien dans le code des convenances qui lui indiquât la jurisprudence à suivre et, ne sachant auquel donner la préférence, elle crut devoir faire semblant de ne pas croire que la seconde alternative eût à se poser, de façon à obéir à la première qui demandait en ce moment moins d'efforts, et pensa que la meilleure manière de résoudre le conflit était de le nier. « Vous voulez plaisanter ? dit-elle à Swann.
>
> — Ce serait une plaisanterie d'un goût charmant », répondit ironiquement Swann.

Lequel, plein de prévenance et refoulant le drame qui se joue pour lui, incite la duchesse à monter en voiture où le duc s'impatiente, afin qu'ils n'arrivent pas en retard à leur dîner. Arrêtée ici, la scène ne pointerait, au fond, que l'égoïsme d'une femme pour laquelle un dîner mondain compte plus que le désarroi d'un ami à la porte du tombeau, et qui, prise au dépourvu, cherche une issue. Mais le pire, qui reste à venir, confirme que la brutalité de la scène est indissociable d'une forme de vulgarité, et que cette vulgarité est spécifiquement liée à des réflexes et des habitudes de classe. On me pardonnera la longueur inhabituelle de la citation, justifiée par la cohérence d'une scène qui perdrait beaucoup à être découpée.

> *Mme de Guermantes s'avança décidément vers la voiture et redit un dernier adieu à Swann. « Vous savez, nous reparlerons de cela, je ne crois pas un mot de ce que vous dites, mais il faut en parler ensemble. On vous aura bêtement effrayé, venez déjeuner, le jour que vous voudrez (pour Mme de Guermantes tout se résolvait toujours en déjeuners), vous me direz votre jour et votre heure », et relevant sa jupe rouge elle posa son pied sur le marchepied. Elle allait entrer en voiture, quand, voyant ce pied, le duc s'écria d'une voix terrible : « Oriane, qu'est-ce que vous alliez faire, malheureuse. Vous avez gardé vos souliers noirs ! Avec une toilette rouge ! Remontez vite mettre vos souliers rouges, ou bien, dit-il au valet de pied, dites tout de suite à la femme de chambre de Mme la duchesse de descendre des souliers rouges.*
> *— Mais, mon ami, répondit doucement la duchesse, gênée de voir que Swann, qui sortait avec moi mais*

avait voulu laisser passer la voiture devant nous, avait entendu… puisque nous sommes en retard…

— *Mais non, nous avons tout le temps. Il n'est que moins dix, nous ne mettrons pas dix minutes pour aller au parc Monceau. Et puis enfin, qu'est-ce que vous voulez, il serait huit heures et demie, ils patienteront, vous ne pouvez pourtant pas aller avec une robe rouge et des souliers noirs. D'ailleurs nous ne serons pas les derniers, allez, il y a les Sassenage, vous savez qu'ils n'arrivent jamais avant neuf heures moins vingt.* » *La duchesse remonta dans sa chambre.* « *Hein, nous dit M. de Guermantes, les pauvres maris, on se moque bien d'eux, mais ils ont du bon tout de même. Sans moi, Oriane allait dîner en souliers noirs.*

— *Ce n'est pas laid, dit Swann, et j'avais remarqué les souliers noirs, qui ne m'avaient nullement choqué.*

— *Je ne vous dis pas, répondit le duc, mais c'est plus élégant qu'ils soient de la même couleur que la robe. Et puis, soyez tranquille, elle n'aurait pas été plus tôt arrivée qu'elle s'en serait aperçue et c'est moi qui aurais été obligé de venir chercher les souliers. J'aurais dîné à neuf heures. Adieu, mes petits-enfants, dit-il en nous repoussant doucement, allez-vous-en avant qu'Oriane ne redescende. Ce n'est pas qu'elle n'aime vous voir tous les deux. Au contraire c'est qu'elle aime trop vous voir. Si elle vous trouve encore là, elle va se remettre à parler, elle est déjà très fatiguée, elle arrivera au dîner morte. Et puis je vous avouerai franchement que moi je meurs de faim. J'ai très mal déjeuné ce matin en descendant de train. Il y avait bien une sacrée sauce béarnaise, mais malgré cela, je ne serai pas fâché du tout, mais du tout, de me mettre à table. Huit heures moins cinq! Ah! les femmes! Elle va nous faire mal à l'estomac à tous les deux. Elle est bien moins solide qu'on ne croit. »*

Le duc n'était nullement gêné de parler des malaises de sa femme et des siens à un mourant, car les premiers, l'intéressant davantage, lui apparaissaient plus importants. Aussi fut-ce seulement par bonne éducation et gaillardise, qu'après nous avoir éconduits gentiment, il cria à la cantonade et d'une voix de stentor, de la porte, à Swann qui était déjà dans la cour:

« Et puis vous, ne vous laissez pas frapper par ces bêtises des médecins, que diable! Ce sont des ânes. Vous vous portez comme le Pont-Neuf. Vous nous enterrerez tous ! »

Difficile d'achever un volume sur une accusation plus cinglante d'un milieu dont le narrateur a par ailleurs tant vanté l'élégance et l'esprit. Car la critique vise bien plus une classe dans son mécanisme que des personnages dans leur caractère. Bien que de tempéraments et de comportements différents, le duc et la duchesse obéissent aux mêmes règles et sont solidaires dans une même grossièreté, dont la particularité est de découler en droite ligne de leur « bonne éducation ».

Proust dit assez combien la duchesse est le fruit, voire la prisonnière, d'une éducation qui repose sur un « code des convenances » ignorant le cœur, sur une « jurisprudence » désincarnée dont, confrontée à une situation inédite, elle ne parvient pas à se défaire. Célèbre pour son sens de la repartie et son à-propos dans tout le faubourg Saint-Germain, elle ne peut répondre à la confidence tragique d'un ami que par une invitation à déjeuner, automatisme dont elle est incapable de mesurer la dimension dérisoire et, partant, la violence. Plutôt que de consacrer son attention à Swann et de marquer la considération élémentaire que réclame l'annonce de sa mort, elle se sent «gênée» par une situation qu'elle ne fait pourtant rien pour interrompre ou infléchir. Le duc a moins de scrupules encore, ouvertement pressé qu'il est d'en finir, épouvanté par l'impair esthétique frôlé par sa femme, mais absolument sourd à ce qu'il nomme les «jérémiades» entre Swann et la duchesse. Sa dernière adresse lancée à Swann, en ce qu'elle tente *in extremis* de le réconforter sur le mode bourru, serait, nous dit Proust, la marque de sa «bonne éducation». Elle est aussi la preuve qu'il a saisi l'enjeu d'une conversation où il s'est bien gardé d'intervenir et qu'il a tout fait pour évacuer. Il n'est pas anodin que les deux derniers paragraphes cités ne figurent pas dans les «Esquisses» du texte, publiées dans l'édition de la Pléiade en 1988. Selon ces états préparatoires, le volume aurait dû se terminer sur l'exclamation: «Ah! les femmes!» L'ajout de ces quelques phrases sur les maux d'estomac, le manque de solidité supposé de la duchesse, et de la clausule en forme de coup de grâce («Vous nous enterrerez tous!») indique à quel point Proust entend «enfoncer le clou» dans la version finale et associer bonne éducation et inconcevable brutalité.

L'inadéquation du comportement des Guermantes face à la gravité de la mort mérite d'être analysée dans sa dimension sociologique, meilleur outil pour comprendre comment deux personnalités aussi opposées que le duc et la duchesse sont pareillement *agis* par leur milieu. Leurs réponses respectives peuvent varier, leur système de valeurs constitue, lui, un invariant auquel ils obéissent mécaniquement, sans même s'en rendre compte. Et c'est bien cet invariant que Proust met à nu, en nous invitant à considérer à quel point les valeurs attribuées à l'aristocratie (élévation, loyauté, élégance, délicatesse, etc.) appartiennent à l'image phantasmée d'une classe qui brille en réalité par la trivialité de ses convenances sociales et par son égoïsme mondain mieux que par sa grandeur d'âme. La démonstration du narrateur consiste à révéler le décalage entre le prestige d'un système et la nullité de ses applications, entre le nom de Guermantes (synonyme d'exploits chevaleresques et de poésie dans l'esprit du petit Marcel) et la pauvreté de ses incarnations – ce qui revient, bien sûr, *in fine*, à accréditer la supériorité de la littérature sur la vie. « Chacun des convives du dîner, écrit ailleurs Proust à propos d'une soirée chez les Guermantes, affublant le nom mystérieux sous lequel je l'avais seulement connu et rêvé à distance, d'un corps et d'une intelligence pareils ou inférieurs à ceux de toutes les personnes que je connaissais, m'avait donné l'impression de plate vulgarité que peut donner l'entrée dans le port danois d'Elseneur à tout lecteur enfiévré d'*Hamlet*. »

Dans la scène des souliers, le duc assume sa grossièreté, en relativisant son retard s'il s'agit de chaussures mais en marquant son impatience s'il s'agit d'une question de vie ou de mort. La duchesse choisit l'esquive, ou l'anachronisme, dans une sortie à la limite de l'absurde. « Vous me direz votre jour et votre heure », propose-t-elle à Swann en guise de « dernier adieu », expression ambiguë qui peut aussi bien signifier une séparation provisoire que définitive. D'autant que la formule consacrée sur le jour et l'heure n'est pas sans rappeler la convocation en duel ou encore le verset biblique sur le Jugement dernier (« nul ne sait le jour ni l'heure », Matthieu 24:36).

Le génie de Proust ne consiste pas seulement à jouer sur l'écart entre l'élégance vestimentaire et la vulgarité des comportements, le rouge du triomphe mondain et le noir symbolique du deuil qui ferait « tache » dans le tableau, ni même à distiller ces affreux jeux de mots, sortis de l'inconscient bavard du duc, qui « meur[t] » de faim ou craint de voir sa femme arriver « morte » de fatigue. Tout en opposant des histoires de béarnaise et de maux d'estomac à la mort annoncée d'un ami (comme si les souliers ne suffisaient pas), Proust saisit la scène dans le grand filet du Temps, en dressant cyniquement deux comptes à rebours face à face : les minutes auxquelles sont suspendus les Guermantes avant leur arrivée chez Mme de Saint-Euverte et dont témoignent tant de notations dans le texte (« [huit heures] moins dix », « dix minutes », « huit heures et demie », « neuf heures moins vingt », « neuf heures », « Huit heures moins cinq ! », etc.), et les quelques mois qui restent à vivre à Swann, dont c'est ici l'une des dernières apparitions « vivant » dans la *Recherche* – si l'on peut dire qu'un personnage de papier est vivant.

L'horreur de la scène vient bien sûr du fait que les enjeux de ces deux décomptes sont incommensurables et pourtant délibérément comparés.

Pour mesurer la cruauté de la scène des souliers, il convient encore de rappeler qu'à l'arrivée de Swann chez les Guermantes, le duc presse son domestique de taire la mort imminente d'un cousin, le marquis d'Osmond, afin qu'ils puissent se rendre à la fête qu'un deuil inopiné pourrait leur faire rater. Quant à la duchesse, comme mue par un instinct infaillible, elle lance à Swann :

> *Ah ! mon petit Charles [...] ce que ça peut être ennuyeux de dîner en ville ! Il y a des soirs où on aimerait mieux mourir.*

Il s'agit donc bien pour Proust d'exploiter par tous les moyens la mise en perspective de la mondanité et de la mort, mise au service d'un lent éreintement de l'aristocratie, dont la *Recherche* constitue en quelque sorte l'incomparable tombeau.

« Ce qu'il peut y avoir de poésie
dans le snobisme »

Le 12 janvier 1920, un article sur *À l'ombre des jeunes filles en fleurs*, Goncourt 1919, s'étalait en première page du journal *Comœdia* sous le titre : « La noblesse magique ». Marcel Boulenger, son auteur, tout en vantant l'intelligence et la sensibilité du roman, déplorait le portrait dithyrambique que Marcel Proust aurait fait d'une « noblesse imaginaire » parée de toutes les vertus et de tous les mérites, s'inscrivant en cela dans une lignée d'écrivains qui, depuis Balzac, reconduisait toujours le même cliché sur la grandeur de l'aristocratie. Proust lui répond quelques jours plus tard par une de ces lettres dont il a le secret, où l'exquise amabilité le dispute à la rosserie, le tout noyé dans mille remarques accablées sur l'état désastreux de sa santé. Il précise surtout : « Or, malgré mon désir extrême d'équité, d'impersonnalisme, le hasard des choses fait que dans le *Temps perdu*, la classe calomniée, toujours dans le faux, qui ne dit que des bêtises, la classe vulgaire et haïssable, c'est la "noblesse", c'est le "monde". » Et l'écrivain de détailler : « M. de Cambremer est la vulgarité même, Saint-Loup "intellectuel", mais bien nigaud, les gens de la soirée Saint-Euverte médiocres, le marquis de Norpois ridicule, Mme de Villeparisis lettrée mais au fond jugeant tout à faux, et bien moins gentille que ma grand-mère d'une origine si modeste. [...] Et M. de Forcheville [...] grotesque. Le duc de Guermantes également grotesque [...]. Reste le seul Charlus. Mais d'abord c'est un isolé, comme il y en a dans tous les milieux. » Pour seule excuse trouvée à son détracteur, Proust reconnaît que sa critique s'accentue dans les volumes qui suivront les deux premiers déjà parus – « à supposer que vous les ayez lus », ne peut-il s'empêcher d'ajouter, tant il est consterné par la méprise de son interlocuteur.

Ce que Proust affecte d'attribuer au « hasard des choses » ne lui doit rien, bien entendu, mais découle d'une analyse patiente et implacable. On n'en finirait pas d'énumérer les remarques sans ambiguïté qui émaillent sa correspondance, telle cette flèche mouillée de curare : « hélas pour les gens du monde l'intelligence, je ne sais pas comment ils font, n'est qu'un multiplicateur de la bêtise, qui l'amène à une puissance, à un éclat inconnu ». Comme on l'a vu avec les souliers rouges, ce n'est pas seulement dans les lettres, mais tout au long de l'œuvre que l'écrivain développe sa démystification méthodique de l'aristocratie, allant jusqu'à comparer « le monde », où « la bêtise [...] l'emporte encore sur la vanité », au « royaume du néant ». Les aristocrates ont beau être assimilés à des dieux et des déesses, ce sont des divinités creuses qui, à l'opéra, du haut de leurs « petits salons suspendus », parce que tout leur est indifférent, seraient les seuls, reconnaît le narrateur avant une chute cinglante, à avoir «l'esprit libre pour écouter la pièce si seulement ils avaient eu de l'esprit». Comme si Proust exaltait le faubourg Saint-Germain pour mieux le faire s'effondrer dans sa «niaiserie» aggravée par la «malveillance» qui y règne. La cruauté de ce traitement en dents de scie touche au premier chef la duchesse de Guermantes, sans cesse élevée au firmament de l'élégance, de l'humour, de la grandeur, avant d'être précipitée du sommet proustien pour s'écraser au sol dans son absence de jugement esthétique, son inconsistance, sa méchanceté.

Comment expliquer alors l'erreur d'interprétation d'un Marcel Boulenger ou, près de quarante ans plus tard, celle d'un Philippe Jullian, qui se fourvoie avec le même zèle lorsqu'il écrit, en se piquant en prime d'être spirituel : «Le faubourg Saint-Germain, s'il n'était désormais trop sûr de lui pour s'embarrasser de reconnaissance, devrait se cotiser pour élever à […] Proust […] un monument en face de Sainte-Clotilde avec l'inscription : *au restaurateur du prestige aristocratique, le gratin reconnaissant*» ?

Pourquoi ce malentendu, ou plutôt ce contresens, à considérer la *Recherche* comme l'apologie brillante et exaltée de la noblesse française persiste-t-il encore parfois lorsqu'elle incarne, *in fine*, sa mise à nu la plus impitoyable ? Il y a au moins deux réponses à cette question.

La première tient à l'extraordinaire faculté de Proust à tout comprendre. Tout comprendre, dans le sens de saisir intellectuellement, mais aussi d'englober, l'ombre n'existant pas sans la lumière, ni les vertus d'une personne ou d'un groupe sans leurs vices. Cette hauteur de vue dans l'analyse, qui suspend jusqu'à la dernière extrémité le jugement moral pour mieux s'imprégner d'un phénomène, a fait de Proust un auteur aussi inclassable qu'annexé d'autorité à telle ou telle cause. Juif *et* catholique, exemple modèle *et* critique de l'assimilation à la française, chantre *et* contempteur de l'inversion, il sera ici mobilisé par les sionistes et là taxé d'antisémitisme, réclamé comme un trophée par les mouvements homosexuels et blâmé pour son homophobie. Je me figure souvent Proust comme Dieu sur son nuage à rire dans sa moustache de ces petites guerres culturelles autour de son œuvre demeurant, dans toute sa souveraineté, irrécupérable, et regarder depuis son céleste séjour deux clans tirant chacun aux extrémités d'une corde qui oscille sans jamais se rompre.

La deuxième réponse est contenue dans une vieille question. Régulièrement placé dans le peloton de tête des chefs-d'œuvre de la littérature de tous les temps, le monument proustien est-il non pas «bien» lu mais, plus simplement, lu? Exhumé des archives Gallimard par Thierry Laget en 2019, le total des ventes d'*À la recherche du temps perdu*, tirages cumulés, *toutes éditions confondues*, au 31 décembre 1980, a de quoi laisser pour le moins perplexe:

Du côté de chez Swann	1 263 000 exemplaires
À l'ombre des jeunes filles en fleurs	837 000 exemplaires
Le Côté de Guermantes	526 500 exemplaires

Sodome et Gomorrhe	526 800 exemplaires
La Prisonnière	528 100 exemplaires
Albertine disparue	494 800 exemplaires
Le Temps retrouvé	551 200 exemplaires

Ces chiffres peuvent paraître à première vue importants. On est pourtant loin des records de *L'Étranger* d'Albert Camus, publié en 1942, et dont Gallimard écoulera 360 000 exemplaires en grand format, et 7 millions en poche à ce jour. Proportionnellement, il n'y a pas non plus de commune mesure avec de plus récents succès : 1 630 000 exemplaires vendus pour *L'Amant* de Marguerite Duras (Minuit, Goncourt 1984) ou encore 1 million d'exemplaires vendus par Hervé Le Tellier pour *L'Anomalie* (Gallimard, Goncourt 2020) en un an, quand il aura fallu à Proust plus de soixante ans pour dépasser cette barre symbolique, *Du côté de chez Swann* étant sorti en 1913. On remarquera encore le dévissage brutal entre le premier titre et les suivants, notamment à partir du *Côté de Guermantes*, qui constitue une étape décisive dans le dessillement du narrateur, puisqu'il n'a plus aucune illusion vis-à-vis du monde et de l'aristocratie.

Mais quid de la période 1980-2021 ? Les estimations (hors Pléiade et Quarto) que la maison Gallimard m'a aimablement communiquées sont tout aussi troublantes, en ce qu'elles creusent encore davantage le décrochage après *Du côté de chez Swann*, et consolident la remontée du *Temps retrouvé* en fin de parcours :

Du côté de chez Swann	1 640 000 exemplaires
À l'ombre des jeunes filles en fleurs	490 000 exemplaires
Le Côté de Guermantes	336 000 exemplaires
Sodome et Gomorrhe	218 000 exemplaires
La Prisonnière	200 000 exemplaires
Albertine disparue	215 000 exemplaires
Le Temps retrouvé	342 000 exemplaires

Le constat est sans appel: après l'achat du premier volume, une grande partie du lectorat, découragé, renonce à poursuivre et à embrasser une œuvre que Proust avait conçue comme un tout insécable et rêvait de publier en un seul volume, vœu réalisé en 1999 par la collection Quarto de Gallimard (2 400 p., 1,56 kg).

Comment connaître, dès lors, le nombre de ventes d'*À la recherche du temps perdu* dans son intégralité? Dans *Proustonomics*, Nicolas Ragonneau consacre un chapitre – «Bergotte millionnaire» – à une ébouriffante enquête sur les ventes de toutes les éditions intégrales de la *Recherche*, y inclus Le Livre de poche, ainsi que les éditions parues après l'entrée de Proust dans le domaine public, en 1987. Bravant les complexités induites par la variabilité des tomaisons pour retenir exclusivement la *Recherche* comme une unité, il a mis au point une méthode de calcul fondée sur la loi du dénominateur commun. Ce travail de Romain aboutit à un total de 7 millions d'exemplaires vendus sur un siècle. Mais à combien se monte le nombre des lecteurs? Question impossible à résoudre. «En retenant dans chaque série en sept tomes la plus mauvaise vente et en l'exprimant en pourcentage dans l'ensemble des ventes cumulées », Nicolas Ragonneau forme l'hypothèse d'un lectorat s'élevant à environ 525 000 francophones, soit 5 250 lecteurs et lectrices par an en moyenne depuis un siècle.

Quel bilan tirer de cette arithmétique ? Plébiscité, encensé, revendiqué comme le plus grand écrivain du XXe siècle, Proust subit le sort des artistes fétichisés, dont la reconnaissance et le prestige sont inversement proportionnels au succès commercial. James Joyce, autre auteur jugé difficile, appartient à cette même catégorie. En 1972, Random House n'avait écoulé « que » 880 000 exemplaires du révolutionnaire *Ulysse*, publié en 1934, une fois la censure levée dans le monde anglo-saxon, longtemps après la première édition due à Sylvia Beach à Paris en 1922, tirée à 1 000 exemplaires.

À l'image d'*Ulysse* pour les anglophones, la lecture de la *Recherche* est présentée à la fois comme un exploit quasi insurmontable et un impératif catégorique de la culture française. Si bien qu'une plaisanterie fameuse voudrait que l'on ne dise pas « je lis la *Recherche* » mais « je relis la *Recherche* ». Dans *Comment parler des livres que l'on n'a pas lus ?*, Pierre Bayard prend Proust pour exemple favori, affirmant que la plupart de ses collègues en lettres à l'université n'ont fait que le feuilleter. Sa démonstration s'appuie d'ailleurs sur le cas très convaincant de Paul Valéry, « non-lecteur » avoué de Proust et néanmoins auteur d'un article vibrant et argumenté dans le numéro d'hommage de *La NRF* consacré en 1923 à l'auteur de la *Recherche* juste après sa mort... Élisabeth de Gramont, contemporaine de Proust, dressait le même constat en son temps lorsqu'elle affirmait: «Certains écrivains éminents – que je préfère ne pas nommer – prétendaient n'avoir pas pu dépasser la page 30 ou la page 40, et que ce livre avait l'air traduit de l'allemand.» Quant à Nicolas Ragonneau, il se souvient que, lorsqu'il passait l'agrégation de lettres modernes en 1990, la plupart de ses camarades peinaient à dépasser la huitième page de *Du côté de chez Swann*, alors au programme, et «faisaient tout simplement l'impasse».

Il n'y a rien à conclure de ces remarques ni de leçons à tirer, sinon que les *vrais* lecteurs de Proust, amateurs passionnés étant parvenus au bout du cycle, sont moins nombreux que la réputation littéraire de l'auteur pourrait nous le faire croire. La *doxa*, c'est-à-dire l'opinion et le discours général flottant autour de la *Recherche*, mélange issu de lectures d'extraits, de propos rapportés, de préjugés, de citations approximatives et, depuis vingt ans, de résumés et de blogs sur Internet, s'est substituée à la lecture de l'œuvre et, par facilité, a sédimenté l'image d'un Proust fasciné par l'aristocratie, un snob impénitent qui, comme son narrateur, rêvait d'entrer dans le cercle magique du faubourg Saint-Germain, dont il brossa un portrait étincelant. Ces assertions, dont certains aspects ne sont pas dénués de fondement, demandent pourtant une complète remise en perspective.

Que le jeune Marcel eût été un temps enivré par les vanités de la haute société, il l'admet lui-même bien volontiers, confessant surtout sa faiblesse pour les grands noms qui portent en eux, comme encapsulés, des paysages et des mondes. Mais était-il snob ? Désirait-il à tout prix accéder à un monde qu'il jugeait supérieur ? Certes, comme le narrateur cherchant par tous les moyens à entrer en contact avec la duchesse de Guermantes et à obtenir sa photographie par l'intermédiaire de Saint-Loup, Proust suivra chaque jour la comtesse de Chevigné pour attraper son regard et harcèlera la comtesse Greffulhe afin qu'elle lui donne son portrait. La première, d'abord agacée par l'insistance du gandin, puis outrée de se reconnaître dans la *Recherche*, refusera de lire son œuvre (elle demandait à Cocteau de lui indiquer les passages dont elle aurait pu être l'inspiratrice); la seconde, bien après la mort de Proust, se souviendra sèchement : « Ses flatteries avaient un je-ne-sais-quoi de collant qui n'était pas de mon goût. » Pour obtenir des renseignements, Proust, « flatteur hystérique », selon un ami de son père, poussait jusqu'à la flagornerie et à l'obséquiosité.

Mais cette phase de mondanités effusives se métamorphose à mesure que l'œuvre prend forme. En 1913, année de la publication de *Du côté de chez Swann*, Proust se défend auprès d'une amie :

> *Il n'est pas jusqu'à cette phrase « Êtes-vous snob » qui m'avait paru bien stupide la première fois et que je sens que je finirai par aimer, parce que je vous l'ai entendue dire. En soi, elle n'a aucun sens; si dans les très rares amis qui continuent par habitude à venir demander de mes nouvelles il passe çà et là encore un duc ou un prince, ils sont largement compensés par*

d'autres amis dont l'un est valet de chambre et l'autre chauffeur d'automobile et que je traite mieux. Les valets de chambre sont plus instruits que les ducs et parlent un plus joli français, mais ils sont plus pointilleux sur l'étiquette et moins simples, plus susceptibles. Tout compte fait ils se valent. Le chauffeur a plus de distinction.

Se dédouaner de tout snobisme en revendiquant son amitié pour un valet de chambre (Albert Le Cuziat), dont il monnayait les informations, et un chauffeur à son service (Alfred Agostinelli), dont il était passionnément amoureux, ne plaide pas forcément en faveur de Marcel Proust, qui proteste maladroitement face à une question en réalité mal posée.

Le snob s'illusionne et passe son temps à s'abîmer dans la projection qu'il a lui-même fabriquée. Or il n'y a pas plus lucide que Proust. Son intelligence lui a fait reconnaître très tôt les pièges et les leurres incessamment produits par le snobisme. Son sens de l'observation et de l'analyse lui révèle aussi que le snobisme n'épargne aucune classe sociale, des domestiques (Françoise) aux aristocrates (Mme de Gallardon, la duchesse de Guermantes elle-même), en passant par les bourgeois (Legrandin, Bloch, Cottard, Verdurin). Seul peut-être le romancier est-il capable de tirer son épingle du jeu car, destiné à observer et à accumuler un savoir au service d'un but supérieur, il ne peut être aussi « naïvement snob » que les autres. Dans *Jean Santeuil*, écrit entre 1896 et 1900, le narrateur, conscient qu'il lui faut quitter le monde où il s'est trop complu, dessine, dirait-on, le programme de la future *Recherche* :

> *Cette société sera pour moi un sujet de peintures que je ferai sans ressemblance si je les fais sans modèle. Combien ces vices spéciaux qui sont la flore psychologique spéciale à cette région spéciale de la vie et du monde qu'on appelle* le monde, *sont intéressants pour un psychologue, et la fleur la plus vénéneuse, mais aussi la plus répandue dans cette terre pourrie, le snobisme !*

Trop clairvoyant pour ne pas distinguer la « vanité » et le « péché intellectuel » que représente le snobisme, trop honnête pour ne pas reconnaître sa faiblesse à tomber dans certaines de ses chausse-trappes, trop lucide pour n'y pas voir un aveuglement et la menace « d'une interruption momentanée dans l'exercice du goût », Proust va se servir du snobisme comme d'une arme et d'une lunette à travers laquelle déchiffrer la société. Pour mériter l'épithète de snob, il eût fallu que Proust crût à la société comme à un système hiérarchique légitime ou valide – à la façon, mettons, de Balzac, si respectueux de l'ordre et de l'échelle sociale. Or Proust passe son temps à en démontrer dans son œuvre l'inanité et la dimension factice. C'est pourquoi sa démystification des salons est si désaliénante et désinhibitrice, et je parle en connaissance de cause : elle n'est indexée à aucune croyance aux supposées *valeurs* du monde. Parvenu à une forme de détachement dans la réclusion, Proust va s'appliquer à relire sa vie mondaine en auscultant la puissance *créatrice* du snobisme. En 1916, il écrit ainsi à Lucien Daudet :

> *Oui, j'en suis certain, pour la découverte esthétique des réalités, il faut se mettre en dehors d'elles, et par exemple savoir ne pas être parisien quand on parle de Paris comme ton père [Alphonse Daudet] a su délicieusement et terriblement ne pas être du Midi quand il parlait du Midi. Si tu me permets de comparer un instant un ver de terre à l'Himalaya, j'ai toujours eu soin, quand je parlais des Guermantes, de ne pas les considérer en homme du monde, ou du moins qui va ou a été dans le monde, mais avec ce qu'il peut y avoir de poésie dans le snobisme. Je n'en ai pas parlé avec le ton dégagé de l'homme du monde, mais avec le ton émerveillé de quelqu'un pour qui ce serait très loin, sans cela on fait du [...] et même pas.*

De nombreux ouvrages ont rapproché le snobisme de la théorie de l'amour dans la *Recherche*. Or Proust ne s'intéresse pas à l'amour, mais à la jalousie, car elle est le moteur de l'imagination, dont il aurait pu dire avec Baudelaire qu'elle est « la reine des facultés ». Il n'y a pas d'étreintes dans la *Recherche*, ni aucun moment tendre entre amant·es, mais une suite de phantasmes et de délires érotiques. Odette, Morel et Albertine sont, respectivement, des créations de la jalousie de Swann, de Charlus et du narrateur. De même, Proust ne s'intéresse pas plus au faubourg Saint-Germain, mais au snobisme qui met en branle des univers entiers, excite mille chimères, détermine jouissances indicibles et blessures mortelles. Le snobisme serait en réalité à la mondanité ce que la jalousie est à l'amour : une machine à délirer, l'équivalent de la lanterne magique de l'enfance, cette usine à projections et à rêves.

Un long cauchemar

En arrachant un à un les masques de la légende, en piochant consciencieusement le mythe jusqu'à l'os, Proust ne m'a pas seulement délivrée des poncifs et autres platitudes attachées à la noblesse pour y substituer du sens et de la profondeur. Il a provoqué un deuxième bouleversement, aussi déterminant quoique d'une tout autre nature, en prenant, le premier, «l'homosexualité au sérieux», comme je l'ai entendu de Chantal Akerman à la projection, à Paris, de *La Captive* (2000), adaptation de *La Prisonnière*. Or l'homosexualité – la mienne – a précisément été ce qui a entériné ma rupture définitive avec ma famille, entamée par une conversation avec ma mère.

Ma mère était la fille aînée du duc de Luynes, celle qui lui ressemblait. Qui avait sa démarche, ses expressions, sa brusquerie. Elle était l'aînée, c'est-à-dire, symboliquement, le garçon. Sauf qu'elle était une fille. Inès privée du vrai droit d'aînesse. Elle avait une haute conscience de cette place en porte-à-faux, à la fois supérieure et manquée. Née en 1939, comme sa mère était née en 1914 et sa grand-mère en 1870. C'était facile à retenir. La guerre, la mort planent sur la lignée des filles. Sur ma mère en particulier. Mes grands-parents ont eu dix enfants, dont sept ont survécu. La naissance de ma mère est encadrée par deux enfants mort-nés. Je me suis souvent demandé si le fait d'avoir été prise en étau par deux fantômes était à la source de ses cauchemars.

Ma mère faisait, chaque nuit, des cauchemars épouvantables, indescriptibles. Elle avait le crépuscule et le noir en horreur, disait ne se sentir délivrée qu'à l'aube, quand le soleil pointait à sa fenêtre. Je l'ai interrogée sans relâche sur ces visions nocturnes dont elle ressortait éreintée chaque matin. Mais que vois-tu? Qu'y a-t-il dans tes cauchemars? Des formes, des images, des personnages? Est-ce un vertige? C'est abstrait? Est-ce qu'il y a des couleurs? Es-tu toujours dans le noir? Laisse-moi, arrête, je ne peux pas, c'est trop affreux. Et elle baissait les yeux, en faisant non de la tête, et un geste de la main, balayant l'air, qui voulait dire: assez, ça suffit. Ces interrogatoires ont duré des années. Je ne désarmais pas, elle non plus.

Cauchemar était un mot qu'elle employait souvent. Ma mère, qui a eu quatre enfants dans la douleur, décrivait la grossesse et l'enfantement comme un cauchemar. Chaque fois, une immense fatigue, la nausée, l'anémie, l'épuisement nerveux. «Je ne pouvais pas aller d'ici à là», disait-elle en désignant la distance d'à peine deux mètres qui séparait, dans sa chambre, le fauteuil de son lit. Neuf mois d'horreur. Ma naissance avait été douloureuse, «un cauchemar», insistait-elle. Je me présentais à l'envers, il avait fallu me retourner.

Encore une fille. La troisième. «*Ne vous inquiétez pas*, madame, le prochain sera un garçon, car la lune a changé ce soir», lui aurait dit l'infirmière. Elle m'a raconté l'histoire cent fois. «Et, tu vois, c'était vrai», ajoutait-elle dans un sourire, puisque le dernier devait être un garçon. Moi, ce que je voyais surtout, c'est que ma mère, le jour de ma naissance, à en croire les efforts de l'infirmière pour la rassurer, était inquiète.

Je n'ai aucun souvenir d'enfance avec ma mère. Nous habitions à Paris dans un appartement sur trois étages. Au deuxième, les enfants et leurs nurses, avec salles de bains et cuisine attenantes, au troisième, les parents, au quatrième, les pièces de réception et la cuisine. J'ai encore dans l'oreille le pas lourd de mon père descendant l'escalier plusieurs fois par jour pour venir nous voir, ouvrir les portes sans frapper et demander d'une voix tonitruante: «Alors, quoi de neuf? Raconte!» J'entends le glissement des pantoufles de ma mère, mais ne distingue ni son corps ni sa présence. Je n'ai pas de photos où elle me tienne dans ses bras ou par la main. Je ne dis pas que cela ne s'est jamais produit. Je n'en ai aucune trace, ni en images ni dans ma mémoire.

Lorsque je découvris la fameuse scène du «baiser du soir» qui ouvre *Du côté de chez Swann*, je m'identifiai sans réserve au narrateur, lui donnant raison sur tous les points de sa névrose. Sa victoire douce-amère à garder sa mère auprès de lui, qui lui lira *François le Champi*, me paraissait un triomphe. Aujourd'hui, l'association des lèvres maternelles et de la voix qui fait la lecture, soulignée par Gérard Macé, me semble une clé essentielle pour comprendre ce que Proust «appelle superbement "le soir prématuré" de sa vie».

De ma mère, jamais un baiser, dont elle exécrait jusqu'à l'idée même. Ce régime ne m'était pas réservé. Elle était sous ce rapport, et sans doute sous ce rapport exclusivement, d'un égalitarisme sans défaut, au point de tous nous tenir à distance d'un simple geste d'avertissement, avec la main préventive du policier arrêtant la circulation, comme s'il y avait autour de son corps une ligne invisible à ne jamais franchir. Rarement un mot plus haut que l'autre, aucune colère spectaculaire. Rien. Rien du tout. L'absence, le vide, purs, qui avaient la dureté transparente d'un mur de cristal, lisse et sans aspérité ; une paroi impeccable, qui permettait de se voir mais jamais de se toucher. «Avec les enfants, chérie, il faut être in-di-ffé-rent, c'est cela, le secret. In-di-ffé-rent », avait recommandé ma mère de sa voix douce à ma sœur, qui lui demandait un jour conseil à propos de l'éducation de sa fille aînée. Comme j'assistais à cette conversation, je lui avais fait remarquer qu'elle donnait ce conseil à sa fille, accessoirement en ma présence, et que cela éclairait d'une lumière singulière sa propre expérience de la maternité. Elle balaya ma remarque d'un mouvement d'impatience, l'air de dire «vous êtes vraiment trop susceptibles», et sortit de la pièce. Le dernier mot, le dernier geste, elle y tenait beaucoup.

Elle avait un visage d'apparence angélique, des cheveux châtain clair, de grands yeux très bleus et une bouche un peu tombante, aux lèvres pleines. De petite taille, elle était voûtée par l'habitude de lire et d'écrire sur son lit toujours jonché de papiers, le corps en équerre et les épaules courbées sur la feuille. Comment est-elle parvenue à écrire cinq livres, dans cette position impossible, avec un mari qui l'interrompait toutes les cinq minutes ? Comment est venue à cette jeune fille de bonne famille sans formation universitaire l'idée d'écrire des livres d'histoire qui seront publiés dans une maison d'édition sérieuse et recensés par la critique ? À l'époque où elle a commencé à faire des recherches, au début des années 1960, une femme ne pouvait pas travailler ni signer un contrat d'édition sans l'autorisation de son mari. Il faudra pour cela attendre la loi du 13 juillet 1965. Je lui ai souvent posé la question du pourquoi et du comment elle s'était lancée dans ces travaux. Elle était évasive, disait que ça l'intéressait, qu'elle n'allait pas « rester là à ne rien faire ».

Je ne me souviens pas d'une seule conversation significative avec elle. Soit parce que les choses *allaient sans dire* et qu'il n'était pas nécessaire d'*insister*, soit parce que le sujet l'indisposait, voire les deux. Rien de ce qui n'allait pas dans son sens ne retenait son attention. Ce qu'elle aimait, c'était reconnaître sa pensée, son idéologie, surtout. Mes questions, toujours trop nombreuses, passaient pour insolentes – certaines l'étaient. Combien de fois ne m'a-t-elle pas intimé de me taire, rien qu'en me regardant avec une froideur sans appel ? Son regard suppléait la parole, et interrompait net l'échange à peine amorcé d'un œil impérieux, catégorique. Je n'acceptais aucun de ses foudroiements ni de ses ultimatums, que je jugeais déplacés, à la limite du ridicule. Je la relançais. Je m'acharnais. J'enfonçais le clou. « Laure, tu vas toujours trop loin. »

Je ne me suis jamais faite à son évitement systématique de tout dialogue, de tout sujet qui ne lui convenait pas. Il y avait notamment chez elle une surdité militante à tout ce qui touchait les hiérarchies et les privilèges, l'ordre symbolique et social. L'hétérosexualité, le mariage, la procréation seuls étaient envisageables dans une société qui devait avant tout préserver un système de classes et de races (oui, de races), où les avantages de l'aristocratie seraient prolongés, comme dans les contrats d'assurance, par tacite reconduction. Elle déplorait le pouvoir grandissant des nouveaux riches, avec cette formule pleine de regrets : « L'argent a changé de mains. » Les ouvriers et les employés appartenaient à une catégorie qui avait droit, au mieux, à son mépris ennuyé – « s'ils ne sont pas contents, ils n'ont qu'à faire un autre métier », me dit-elle un jour, comme sous le coup du bon sens. Nous étions nés, nous, du bon côté, celui du manche. Pas la peine d'ergoter. L'important, c'était de *rester à sa place* et de *se tenir*. Quant à la bourgeoisie, elle n'était vaguement acceptable que de loin, à condition de conserver ses distances. D'une roturière en passe d'intégrer la famille et qui ignorait les usages, ma mère laissa tomber un jour d'une lippe ennuyée ce commentaire qui la résume entière : « Elle est inmélangeable. »

Très tôt, j'ai su d'intuition qu'il fallait que je parte. À dix-neuf ans, je trouvai du travail dans une revue d'art et je quittai la maison, dont mon père me réclama les clés, histoire de me signifier mon congé définitif. Le soir de mon départ, il tournait comme un lion en cage, éructant, râlant, en proie à une forme d'exaspération mêlée de panique. Il n'avait jamais cru à mes projets pourtant déclarés et réitérés d'indépendance. Je me souviens que ma mère rangeait sa salle de bains. Elle n'en est pas sortie pour me dire au revoir.

Nos relations n'ont fait que se dégrader au cours des années qui ont suivi. Un jour, obligée de me rendre une fois de plus à son refus d'engager le dialogue, j'ai fini par lui dire, du ton le plus cassant que j'aie pu trouver : « Ce n'est pas toi qui décides unilatéralement des sujets de conversation – ou plutôt de non-conversation », ce qui avait redoublé son courroux et hâté son habituelle volte-face. Je crois que c'est la dernière fois que je l'ai vue.

Sa détestation des « gauchistes » et des « féministes » n'était surpassée que par sa haine de l'homosexualité, qui confinait à la manie. Elle lui déformait la bouche, on la sentait prête à cracher par terre à l'évocation de « ces gens qui ont les hormones à l'envers », comme elle disait. J'ai gardé le silence pendant des années et j'ai menti tant et plus, convaincue – à raison – que la révélation de mon secret provoquerait une rupture définitive des relations familiales. Mais non, me rassuraient mes ami·es, tu verras, après un moment, ils s'y feront, ne t'inquiète pas, c'est partout pareil. Je savais, pourtant. Je savais.

Nous nous retrouvions souvent à la Bibliothèque nationale de la rue de Richelieu, où nous travaillions chacune à nos livres respectifs. Elle, pendant vingt-cinq ans, toujours à la même place, rigoureusement. Elle arrivait la première pour être sûre de l'occuper et ne pas avoir à changer son habitude. Tout comme elle ne déviait jamais d'itinéraire, malgré les bouchons. Les employés nous reconnaissaient. Le même nom patronymique imprimé sur la carte de lecteur, une certaine ressemblance physique dans la forme du visage et la couleur des yeux, une démarche analogue – pensive, et traînant des pieds – ôtaient tous les doutes. «Ah, votre maman est déjà arrivée», «ah, votre fille vient de sortir». Nous aurions pu déjeuner mille fois dans le quartier, comme je le lui ai si souvent proposé. Mais ma mère devait chaque fois rentrer pour tenir compagnie à mon père, qui s'irritait de la voir partir tous les matins. Un jour, je lui ai demandé de faire une exception, à laquelle elle consentit non sans mal, et je l'invitai dans un café du square Louvois. C'est le seul déjeuner en tête à tête que j'eus jamais avec elle.

Je lui exposai les difficultés que j'avais à lui parler, et la nécessité où j'étais d'arrêter de mentir et de lui dire que je vivais avec une femme. Je l'ai vue se décomposer. Elle était pâle. Pas un muscle de son visage ne tremblait, mais je sentais qu'un orage intérieur, épouvantable, sinistre, s'était levé. J'accomplissais l'inconcevable. Je brisais le code. Sa réponse à ce qui n'était pas une question a tenu en deux phrases, lâchées avec cette âpreté qu'elle assimilait à de la dignité: «Tu incarnes à mes yeux l'échec de toute une éducation morale et spirituelle», et: «Pour moi, tu es une fille perdue.» Je l'ai vue pleurer pour la première fois. C'est cela, surtout, que ma famille m'a le plus reproché: tu as fait pleurer ta mère en public. Comme une domestique.

Je me souviens d'avoir pensé: «fille perdue»

comme «temps perdu», c'est-à-dire gâché aussi bien qu'irrattrapable. Mais «fille perdue», en français, outre «égarée», veut également dire «prostituée» ou «morte» – dans le sens: «J'ai perdu ma fille», ce qui semblait, précisément, être le cas. Il ne me restait donc pas d'autre choix que de commencer une nouvelle vie, dont l'horizon irait chaque jour s'élargissant. Trente ans plus tard, les chagrins dissipés, j'ai la conviction de n'avoir, ce jour-là, dans ma détermination à dire une vérité simple et incontournable, ni plus ni moins qu'échappé à une funeste catastrophe. Les vœux de mort de ma mère, la lâcheté embarrassée de mon père et l'opprobre unanime jeté par ma nombreuse famille, loin de m'enfoncer dans la déchéance et l'indignité escomptées, m'ont au contraire sortie d'une lugubre gangue, comme on se défait d'un manteau d'infamie.

Après plusieurs mois de tensions, où mon père s'est tenu en équilibre instable, refusant de me condamner ouvertement sans pour autant jamais me soutenir, j'ai écrit une longue lettre à ma mère pour lui expliquer ce que j'avais peut-être maladroitement exprimé *in vivo*. J'en ai perdu le brouillon. Mais j'ai toujours sa réponse, qui est aussi la seule lettre qu'elle m'ait envoyée de sa vie.

> *Ton choix ne suppose pas seulement un engagement entre deux personnes. Il résulte aussi de l'abandon d'un engagement spirituel et moral que j'ai voulu pour mes enfants. Je sais que tes engagements t'appartiennent, mais je refuse, comme mère, de les cautionner.*

> *Ta relation n'est pas assimilable à un lien familial.*
> *Nous avons cru comprendre, ton père et moi, que tu*
> *souhaiterais qu'elle le soit par nous. Nous voudrions*
> *être très clairs : elle ne le sera en aucun cas et je te*
> *demande de ne plus y revenir.*

La mort de mon père, en 1998, scella notre rupture définitive. Elle est morte quinze ans plus tard sans que je l'aie jamais revue, sans qu'elle ait jamais tenté de me contacter, ni par écrit, ni au téléphone, ni d'aucune autre manière. Pas un anniversaire, pas une fête n'échappa à cette règle d'airain.

On m'assura qu'elle était morte comme elle avait vécu : dans l'indifférence et la dignité. J'ai appris par la suite que c'était faux. Qu'elle avait en réalité agonisé dans une rage incoercible contre moi, au point d'essayer de me déshériter, en envoyant mes sœurs et mon frère vider les comptes. La manœuvre échoua, mais le fait qu'ils obtempérèrent et prêtèrent main-forte sans ciller à ce projet, solidaires comme au temps de ma mise au ban de la famille, fut pour moi le coup de grâce. Fervents catholiques, ils affirmèrent ensuite en chœur avoir voulu par leur collaboration « respecter la dernière volonté de notre mère » – et, en ceci également, je suppose, « l'engagement spirituel et moral » qu'elle avait voulu pour ses enfants.

J'aurais aimé la connaître. Malgré sa dureté. Son endurance dans le mal. Son médecin lui avait dit : « Vous avez une mauvaise santé de fer. » Je ne peux jamais penser à elle sans me rappeler cette formule étonnante, qui m'a longtemps fait craindre que je mourrais avant elle, qu'elle nous enterrerait tous.

Proust articule la haine à un deuil, à un renoncement. La haine est un vœu de mort, qui évolue dans un univers clos de certitudes où l'autre est assigné à un rôle décidé d'avance. Ce que je voulais, moi, c'était la rendre à la vie, la rendre au flot mouvant de l'existence, où il n'y a pas de place fixe et invariable, comme à la Bibliothèque nationale, ni de statut social figé dans l'éternité. Malgré elle. Ouvrir la brèche, à toute force. Parler et faire circuler la parole, lui faire dire ce qui n'allait pas sans dire. Desserrer la ligature. Je voulais, je crois, lui donner la vie. Combien de fois n'ai-je pas répété, sans même comprendre ce que je disais : « Cette femme, c'est la mort », effarée que j'étais par son immobilisme, son orgueil incommensurable, son entêtement, sa si brutale indifférence. Tout cela, ces forces létales, comme matière accumulée, sombre magma, a développé en moi un instinct de vie et de mouvement perpétuel, acharné.

Ce que je désirais, dès l'origine, c'était interrompre la longue chaîne mortifère. Je voulais savoir. Je voulais remonter le cours de ses cauchemars, persuadée, dans ma naïveté, d'y trouver une source du malheur ou du moins un début d'explication, je voulais comprendre ce qui l'avait rendue si insensible aux autres, taillée dans l'absence comme une statue l'est dans le marbre.

Cette part d'inhumanité, pour une enfant, n'est pas seulement incompréhensible. Elle est intolérable. Je n'ai pas pu en percer l'énigme de son vivant pour la simple raison que je n'avais pas accès à ma mère. Ni par le langage du corps, puisqu'elle abhorrait tout contact physique, ni par l'échange verbal, dont elle arrêtait systématiquement tout développement. Mais du jour où j'ai cessé tout contact avec elle, les choses se sont, si je puis dire, arrangées. Je n'attendais plus de geste, je n'espérais plus de dialogue, je ne courais plus après le moindre signe qui ne viendrait pas. C'était fini. La rupture, actée, officielle, matérialisait enfin ce qui était depuis l'origine au cœur de notre (non-)relation : l'absence. Or c'est l'absence *en présence*, l'absence déguisée sous les frusques d'un rapport mère-fille de façade lors de réunions de famille où tout le monde sourit, qui est si difficile à supporter. Les choses étaient désormais à leur place. Dans cette logique, je ne trouvais pas de consolation, mais au moins ma vie sonnait plus juste.

Je commençai à penser à ma mère autrement. Je la voyais comme sujet d'une histoire sociale, comme une femme prise dans le siècle et dans son milieu. La passion que je développai à cette époque pour l'archive et la recherche historique m'inclinait à plus de rationalité et, partant, d'indulgence. Je prenais la mesure de l'attachement viscéral de ma mère au pays de son enfance, l'Argentine, où elle avait vécu jusqu'à l'âge de onze ans, ce pays de cocagne où régnait son grand-père adulé, Saturno Unzué (1863-1950), magnat local issu d'une famille d'origine basque, propriétaire de plusieurs centaines de milliers d'hectares. Moustaches cirées, panama et regard ténébreux, l'homme des *estancias* dont les terres s'étalaient à l'infini respire sur les photographies l'autorité ferme et tranquille des milliardaires que respectait tant ma mère.

Saturno, à défaut de manger ses enfants, comme la figure mythologique dont il avait hérité le prénom, n'avait pas pu en avoir avec sa femme, épousée en 1894. En 1918, il adopta une petite fille déjà âgée de quatre ans, Juanita, ma grand-mère maternelle. Officiellement, Juanita était la fille d'un couple de régisseurs des propriétés familiales, les Diaz, mystérieusement disparus, sans qu'on sache s'ils avaient trouvé la mort dans l'incendie (accidentel?) de leur maison, sur les terres familiales, ou s'ils avaient été payés par le maître des lieux pour s'évanouir dans la nature une fois l'enfant récupérée. Dans une autre version, un peu moins Far West, la petite fille, qui avait perdu sa mère, une inconnue, aurait été confiée à un orphelinat tenu par des religieuses. Don Saturno et sa femme, grands philanthropes, touchés par le sort de l'enfant rencontrée « par hasard » lors d'une visite à l'institution catholique, auraient décidé de la prendre avec eux.

La vérité est que Saturno a adopté l'enfant naturelle qu'il avait eue avec une autre. Mais avec qui ? Une servante ? Une cousine de sa femme, comme on l'a longtemps suggéré ? Une photographie sépia retrouvée dans le tiroir de la table de nuit de ma grand-mère à sa mort montre une femme élégante, coiffée d'un large chapeau, une gaze au cou. Elle a un faux air de Vita Sackville-West, en plus éthéré, avec ses yeux tombants et sa bouche qui ne sourit pas. Une grande tristesse émane de ce portrait daté « Buenos Aires, 1918 », soit

– s'il s'agit bien de sa mère – l'année où Juanita lui aurait été retirée.

L'identité de mon arrière-grand-mère m'a longtemps intriguée. Il y a quelques années, au cours de recherches sur des sites généalogiques, quelle ne fut pas ma stupéfaction de tomber sur la fameuse photographie de la dame mélancolique au chapeau... La légende indiquait: «Enriqueta del Solar Dorrego», c'est-à-dire la propre nièce de la femme de Saturno, la fille de son unique sœur, Felicia. En 1914, Saturno avait cinquante et un ans, Enriqueta dix-huit, elle était donc mineure, ce qui ne change rien à la nature de la relation: un inceste. Saturno aurait ainsi imposé le fruit du péché et du crime – si le site dit vrai et si la photo représente bien mon arrière-grand-mère – à sa femme légitime, Inès Dorrego. Juanita avait beaucoup d'admiration pour sa mère adoptive, dont elle parlait toujours avec une grande déférence. Une femme admirable, répétait-on en baissant les yeux dans la famille, tout à la conscience de son sacrifice de femme bafouée, qui accueillit l'enfant de son mari et d'une autre, et l'éduqua avec soin. C'est en hommage à cette femme, dont la postérité a laissé un tableau austère et plein de dignité, où on la voit drapée dans une robe noire comme dans un deuil éternel, que ma mère fut prénommée Inès. Ma mère porte le prénom d'une femme irréprochable et stérile.

Personne n'osait interroger Juanita sur sa mère biologique, pas même moi, qui l'ai connue jusqu'à l'âge de vingt-six ans et qui ai gardé d'elle un souvenir pastel. Elle me faisait penser à un petit nuage mauve, un cumulus qui glissait à la surface de la vie, flottait intact, comme si rien ne la concernait. Toujours perchée sur de très hauts talons pour compenser sa petite taille (1,52 m), elle parlait peu, avec cet accent argentin dont elle ne s'est jamais départie. Elle accomplissait son rôle de maîtresse de maison en femme effacée et passive, souriante mais lointaine, habituée à être toujours servie. Je ne crois pas que ma grand-mère pouvait imaginer un monde où l'on ne porte pas vos bagages et ne vous ouvre pas les portes. Elle sonnait pour qu'on lui apporte un mouchoir posé sur une table à quelques mètres. Elle n'a jamais fait son lit, ni la cuisine, ni pris le métro – à vrai dire, l'idée ne l'aurait pas effleurée. Elle avait survécu à dix couches, perdu trois enfants, ne se plaignait jamais. Elle trouvait que Mireille Mathieu était «une arrrtiste», aimait les films de Louis de Funès, se promener avec son chien et jouer à la canasta, où elle était imbattable, jusqu'à ce que la maladie de Parkinson l'empêche de tenir les cartes entre ses mains. Ma mère évitait ou arrêtait les conversations, ma grand-mère ne les suscitait pas, les décourageait d'emblée. J'ai souvent été tentée de la faire parler de sa petite enfance, mais elle n'offrait aucune prise, jamais.

L'absence de la mère s'origine ici, dans ce grand vide des commencements. L'absence de la mère, c'est-à-dire l'absence de son corps physique, charnel, d'abord. Qu'elle ait été la cousine, la nièce ou une inconnue, qu'elle soit morte ou que Juanita lui ait été retirée, la mère a été séparée de sa fille, l'enfant arrachée à sa mère. Est-ce cette absence imposée qui rendra Juanita absente au monde, au réel ? Ma grand-mère donnait l'impression de *n'être pas là*, d'être constamment ailleurs. Où ? Mystère. Je soupçonne ma mère d'en avoir beaucoup souffert, ce qui ne l'empêchera pas de reconduire, à sa façon, un modèle analogue. Mais lorsque, à la mort de mon père, elle décida aussitôt de s'installer en Argentine, de retourner à la source et au paradis perdu, s'éloignant durablement et sans états d'âme de ses enfants et petits-enfants, je fus la seule à la défendre.

Aujourd'hui, l'énigme de l'identité de mon arrière-grand-mère m'importe peu. Par acquit de conscience, j'ai jeté un œil sur le dernier livre publié par ma mère, écrit en espagnol, sa langue maternelle : *Argentina, 1889-1939 : los años dorados*, paru en 2010. Mais ce beau livre illustré, sur papier glacé, inventaire en images d'un monde disparu et regretté, bien sûr, ne dit rien.

Universaliser le sujet minoritaire

On m'a souvent posé la question de savoir pourquoi ma famille m'avait unanimement réprouvée, alors qu'à en croire Proust l'aristocratie compte tant d'homosexuel·les supposément admis·es dans son cercle. C'est oublier la loi de l'injonction au silence, qui a un double avantage : conforter le pouvoir de ceux qui établissent la norme, astreindre à l'intériorisation du stigmate et à la honte tous ceux et toutes celles qui y contreviennent. Les invertis et les lesbiennes de la *Recherche* se soumettent tous et toutes sans exception à ce commandement, passent leur temps à se cacher et à mentir, à taire leurs amours et à dissimuler leur désir, à trembler d'être démasqué·es ou confondu·es, trop conscient·es que leur survie sociale est à ce prix. « Forniquez tant que vous voulez dans votre placard fermé à double tour, dit la société, mais de grâce ne nous imposez pas vos passions déplacées. » Ce précepte avait été parfaitement intégré par un couple souvent invité chez mes parents : il aimait les hommes, elle aimait les femmes, tout le monde le savait et personne ne disait rien, à commencer par les deux intéressés. Même après leur divorce.

De sorte que je savais trop bien à quoi je m'exposais

lorsque je décidai de parler de ma vie pour la première fois à ma mère, qui n'a d'ailleurs pas manqué de me faire remarquer à cette occasion qu'un de mes oncles, dont on soupçonnait la «déviance», était *discret, lui*, il *restait à sa place, ne faisait pas d'histoires*, et pouvait de fait continuer à être reçu. Seul, bien sûr, et sans que jamais ne soit fait allusion à ses *mœurs*, objet de moqueries écœurantes dans les conversations dès qu'il avait tourné les talons. Cette scène proustienne par excellence, dont j'avais vu mille variations depuis l'enfance, était un modèle qui me faisait horreur, mais qui avait parfaitement rempli son office en m'enfonçant dans la terreur d'être devinée. Ce qui, bien entendu, était le cas. «Je m'en doutais, mais je n'aurais jamais pensé que tu étais *passée à l'acte*», ajouta ma mère, achevant, par cette formulation psychanalytique assez peu dans sa manière, de criminaliser l'homosexualité et de l'assimiler de façon presque comique, selon la définition du passage à l'acte, au «déclenchement pathologique d'une action impulsive et violente».

Cette sortie du placard m'éveilla à un problème trop négligé, objet d'une persistante dénégation. Dire : voilà la faute suprême. La famille, aristocrate ou non, n'exclut personne tant que les choses ne sont pas *dites*. Quelle ne fut pas ma surprise à l'époque de constater que l'immense majorité de mes ami·es gay, né·es dans les années 1950 et 1960, assumant ouvertement leurs préférences dans la vie courante, n'avaient jamais abordé explicitement le sujet avec leurs parents. L'une avait pu venir à des réunions familiales avec sa compagne sans autre forme d'explication, un autre écrire des livres sur l'homosexualité et militer publiquement, mais sans jamais évoquer la question de leur vie amoureuse, si banale pour n'importe quel·le hétérosexuel·le. Quel besoin de dire quoi que ce soit, puisque c'est évident ? ai-je souvent entendu de la part de gens que le sujet contrariait. Quelle obscure nécessité alors à la taire obstinément, cette fameuse évidence, inaccessible et comme barrée à la parole ? C'est l'ultime et perverse victoire de la société et de ses institutions : prolonger la loi du silence jusque dans l'apparente acceptation, ou plutôt articuler la tolérance à la persistance du mutisme imposé.

Mon secret de Polichinelle une fois révélé, on m'a intimé de *ne plus parler de ma vie privée*, autrement dit de retourner d'où je venais de sortir à grand peine : le placard. Mon refus d'obtempérer a été catégorique et sonore. Obéir à cet ordre, c'était nier que je pusse non seulement avoir une vie amoureuse, mais une vie tout court, légitimer une coercition mentale injustifiable, et accepter une forme de sous-citoyenneté, digne des temps d'Oscar Wilde et de « l'amour qui n'ose pas dire son nom ». Ma famille m'avait rejetée. Sursaut d'orgueil, impératif moral autant qu'initiative vitale destinée à « reprendre la main », je m'en suis volontairement exclue ce jour-là, en claquant la porte qui se refermait sur moi.

On aurait tort de juger la situation anachronique. Quelques années auparavant, un fameux épisode de la série américaine *Dynastie* mettait en scène ce qui peut être considéré comme l'une des premières sorties du placard dans une fiction télévisée : celle de Steven, le fils de Blake Carrington, magnat du pétrole. On y voit Steven, beau blond à brushing, face à son père, sa mère et sa belle-mère, sa sœur et son beau-frère. En anglais, cela donne :

— *I am homosexual, Dad. I am gay. And I want you to face it. And say it. Say it! Say: "Steven is gay." Somebody has to say it!*
(Mines consternées. Tout le monde baisse les yeux, le père détourne le regard et serre les dents. Personne ne dit un mot, jusqu'à ce que la sœur finisse par articuler : «*Steven is gay.*»)

Dans le doublage français, le texte a été traduit avec un raffinement qu'on appréciera :

— *Je ne suis pas comme vous tous, papa. Il faut me croire. Et accepter la vérité. Allez, dites ce que vous pensez. Allez, dites-le. Steven est malade. Que quelqu'un le dise !*
(Et la sœur de répéter : «Steven est malade.»)

Dans les années 1980, l'homosexualité est donc un scandale aux États-Unis et une maladie en France. De fait, elle ne sortira du classement des maladies mentales de l'Organisation mondiale de la santé qu'en 1990. Et, d'un côté comme de l'autre de l'Atlantique, elle est encore indicible au sein de la famille.

Ce silence imposé aux homosexuel·les par la société, souvent au prétexte de motifs religieux, n'affecte en rien les relations adultères – lorsqu'elles sont hétérosexuelles, s'entend. La duchesse de Guermantes parle ouvertement des maîtresses de son mari, qu'elle reçoit et console, même, lorsqu'il les a abandonnées ; mais Robert de Saint-Loup ou le prince de Guermantes préféreraient mourir plutôt que de reconnaître tromper leur femme avec des hommes. Ce climat d'opprobre et de malédiction, que Proust avait lui-même si bien intériorisé, lui offre un immense champ de manœuvres pour son livre. L'inversion sexuelle n'est pas seulement damnée. Elle brouille les rapports de classe et de domination, mine l'étanchéité sociale, tout en conservant les apparences, car invertis et lesbiennes sont plus assujettis encore au silence qui les soude dans la honte et le secret qu'au *vice* qu'ils partagent dans le plaisir. Ruses, stratégies, non-dits, mensonges, dissimulation, trahisons involontaires : c'est de théâtre qu'il s'agit, de jeu et de feinte, de techniques de reconnaissance et de danses subliminales de séduction, afin de s'identifier sans jamais se dénoncer. *À la recherche du temps perdu* est la scène par excellence de cette érotique de la clandestinité.

Le discours manifeste et le discours latent, l'indicible et l'innommable, le tacite et l'explicite, les révélations de l'inconscient bavard de Charlus ou d'Albertine, les tensions entre ce qui est tu et ce qui est exposé, parfois à profusion, l'écart entre le verbe et le langage des corps : tout le roman procède de cette rhétorique de la monstration et du silence, de la revendication et de l'implicite, où le lecteur doit naviguer entre les trous et les ellipses du sens, dans un livre où questions sexuelles et textuelles sont indissociables. Une seule situation est rigoureusement exclue: l'aveu. À moins qu'il ne soit involontaire et ne donne lieu à un quiproquo à l'irrésistible charge comique, comme dans l'épisode consacré au duc de Châtellerault. Un jour, celui-ci rencontre un inconnu sur les Champs-Élysées, avec qui il échange furtivement quelques faveurs. Le duc, soucieux de préserver son anonymat, se fait passer pour un Anglais et à toutes les questions empressées de son amant éphémère répond: «*I do not speak French.*» Quelques jours plus tard, une deuxième rencontre, très imprévue, a lieu à l'hôtel du prince de Guermantes. Car l'amant de passage n'est autre que l'«aboyeur» (ou huissier) chargé d'annoncer les invités. Le duc de Châtellerault, occupé à saluer les uns et les autres à son arrivée, n'a pas prêté attention à l'huissier.

Mais dès le premier instant l'huissier l'avait reconnu. Cette identité qu'il avait tant désiré d'apprendre, dans un instant il allait la connaître. En demandant à son «Anglais» de l'avant-veille quel nom il devait annoncer, l'huissier n'était pas seulement ému, il se jugeait indiscret, indélicat. Il lui semblait qu'il allait révéler à tout le monde (qui pourtant ne se douterait de rien) un secret qu'il était coupable de surprendre de la sorte et d'étaler publiquement. En entendant la réponse de l'invité: «Le duc de Châtellerault», il se sentit troublé d'un tel orgueil qu'il resta un instant muet. Le duc le regarda, le reconnut, se vit perdu, cependant que le domestique qui s'était ressaisi et connaissait assez son armorial pour compléter de lui-même une appellation trop modeste, hurlait avec l'énergie professionnelle qui se veloutait d'une tendresse intime : « Son Altesse Monseigneur le duc de Châtellerault ! »

Moment dramatique littéralement inouï (ou inaudible) que ce paradoxe d'un *secret hurlé* qui ne dépasse pas la sphère intime, bien qu'il soit proféré au milieu d'une foule mondaine.

D'un côté, Proust noircissait donc la face prétendument solaire de l'aristocratie (dans le sens où il en remplissait le vide de sa calligraphie inoubliable), de l'autre, il jetait une lumière nouvelle sur un objet maintenu dans l'ombre et la marginalité de l'histoire des mœurs.

Deuxième choc. Tout en pulvérisant l'aristocratie, Proust installait Sodome et Gomorrhe au cœur de son projet littéraire. Loin d'être séparées, ces deux actions croisées touchant à la société et à la sexualité se nouaient de la façon la plus inattendue, et aussi la plus radicale, dans le texte, en son centre. Dès *À l'ombre des jeunes filles en fleurs*, le narrateur a commencé son opération de dessillement. Il n'est déjà plus amoureux de la duchesse de Guermantes. Avec *Le Côté de Guermantes II* et *Sodome et Gomorrhe I*, qui représentent un point de bascule au beau milieu de l'œuvre, il est définitivement dépouillé de toute illusion quant à l'aristocratie. Il ne se trouve plus « au seuil », comme il aurait pu le croire, « mais au terme du monde enchanté des noms ». La désacralisation onomastique atteint son comble lorsque les noms subissent, comme le note Martine St-Pierre dans une étude sur la question, « des déformations sacrilèges » (Cambremer devient Camembert et Cambremerde, Morel se mue en Morille, Morue, etc.) et que « les étymologies de Brichot démystifient les toponymes ». Parallèlement, le narrateur lève le voile sur le monde de Sodome et Gomorrhe, si bien que « les Noms et les corps sont atteints dans leur intégrité » dans un mouvement commun de « profanation des signifiants ».

Le moins que l'on puisse dire, c'est que les cités maudites n'en sortent guère grandies, les théories de Proust sur l'inversion sexuelle se révélant aujourd'hui, à bien des égards, sombres et conservatrices. Comment concevoir qu'une fresque aussi négative, parfois dégradante, souvent cruellement drôle, puisse transmettre tant de force et d'énergie ?

La réponse se trouve sous la plume de Monique Wittig dans sa préface à *La Passion*, de Djuna Barnes : « nous le savons depuis Proust, la recherche littéraire constitue une expérience privilégiée pour faire advenir un sujet au jour. Cette recherche est la pratique subjective ultime, une pratique cognitive du sujet. Après Proust, le sujet n'a plus jamais été le même, car pour la durée de la *Recherche du temps perdu*, il a fait d'"homosexuel" l'axe de catégorisation à partir duquel universaliser. » Au contraire du « sujet logocentrique », évoluant dans l'espace comme dans le cercle de Pascal, « dont le centre est partout et la circonférence nulle part », « le sujet minoritaire peut se disperser en bien des centres, il est par force dé-centré, a-centré ». Secondaire, décalé, anecdotique par rapport à la norme et à la majorité, l'homosexuel·le, jusque-là cantonné·e à la couleur locale des amours spéciales et des comportements contre nature, gagne avec Proust le *statut de sujet*. Qu'importent les jugements de valeur d'une *Recherche* passablement homophobe, Proust change de façon radicale le *régime* du sujet minoritaire, en le débarrassant de sa condition particulière pour le faire accéder à l'universalité.

Cette découverte ou plutôt cette révélation à l'effet prodigieux – être constituée comme sujet *une deuxième fois* par une œuvre littéraire – demande à être replacée dans le contexte de l'époque où j'ai relu la *Recherche* dans son intégralité. Elle coïncide avec l'avènement des études gay et lesbiennes et de la théorie queer, qui allait renouveler en profondeur les études culturelles et l'interprétation d'*À la recherche du temps perdu* en particulier. C'est dans ce moment d'effervescence intellectuelle que j'entrepris une thèse sur la notion de « troisième sexe », dont une partie serait, naturellement, consacrée à Proust. De cette plongée au cœur de Sodome et Gomorrhe, je ressortais plus consciente des mécanismes d'assujettissement dont Proust livre toutes les perversités, et, partant, plus lucide sur la banalité de ma propre histoire et des effets de concaténation dans les discours et les comportements.

Au cours de mon enquête, j'eus la bonne surprise de découvrir l'existence d'une tante, Violette Ney d'Elchingen (1878-1936), devenue par mariage la princesse Eugène Murat, la propre sœur de mon arrière-grand-mère, que ma famille s'était bien gardée de mentionner devant moi. La formidable photographie de Berenice Abbott, prise à New York en 1929, me dispensait de toute élucidation quant à cette exquise discrétion. Silhouette imposante, cheveux courts, cigarette à la main et regard ténébreux, Violette, sorte de *Monsieur Bertin* moderne, tranche avec tous les portraits mondains qui garnissent habituellement les salons, où taffetas, rubans et drapés moussent et prolifèrent. Son regard sans concession, tout de face, son refus de sourire sont les mêmes que l'on observe dans la fresque du grand escalier de la villa Masséna, à Nice, où elle est représentée parmi d'autres membres de sa famille, un poing sur la hanche et la même gravité un peu bravache sur le visage. Jeune, déjà, Violette détonnait. Quelque chose en elle refuse, et maintient. Proust, qui l'a croisée à plusieurs reprises, frappé par l'inadéquation de son prénom et de son allure, aurait suggéré qu'elle « ressemblait plus à une truffe qu'à une violette »… bien qu'il eût reconnu en elle « un certain charme massif » sur lequel, hélas, il renonça, faute de temps, à s'étendre.

Amie de Cocteau, Stravinsky, Diaghilev, Winnaretta Singer et Marie Laurencin, dont elle aurait été l'amante, parmi beaucoup d'autres, Violette, veuve à vingt-huit ans, dépensait sa grande fortune sans compter. Une partie non négligeable a été engouffrée dans les fêtes, les croisières, l'alcool et la drogue, avant que le reste ne suive dans le krach de 1929. Morphinomane, elle distribuait volontiers autour d'elle des petits sacs de cocaïne et des pots de confiture de haschisch, qu'elle consommait sans frein. Elle initiera René

Crevel à l'opium, qu'elle fumait dans un sous-marin abandonné en rade de Toulon et loué pour abriter ses plaisirs illicites, lorsqu'elle n'était pas à New York, à participer aux débuts du jazz et au mouvement Harlem Renaissance en compagnie de Tallulah Bankhead. L'oulipien François Le Lionnais, qui l'a connue par Max Jacob, rapporte qu'elle parlait plus grossièrement qu'un « cocher de fiacre ». Il ajoute surtout : « Elle était incapable d'avoir un langage si peu que ce soit moyen. »

Violette Murat est morte à cinquante-sept ans. Overdose ? Suicide ? L'idée d'un abandon aux paradis artificiels à l'intérieur de son sous-marin fantôme, bâtiment clandestin par excellence, qui plus est désaffecté, me rend un peu mélancolique. Physique inhabituel, personnalité proche des artistes, langage singulier : il ne m'en faut pas plus pour revendiquer cette tante déclassée dans ma nouvelle généalogie des irréguliers du troisième sexe, des obscurs et des subreptices, dont Proust a révélé la grandeur dans l'humiliation, et le caractère universel sous le statut minoritaire. Ce faisant, il ouvrait la voie à toutes les générations suivantes : une fois « universalisé », le sujet pouvait enfin s'affranchir.

Proust au bordel

Parmi les dizaines de lieux de consultation d'archives que j'ai fréquentés dans ma vie, je garde un faible pour un endroit qui n'existe plus, et dans lequel j'ai passé beaucoup de temps à l'époque de mes recherches sur le troisième sexe : les archives de la police – où soit dit en passant de nombreux vols ont été commis (mais oui). « Les plus âgés des historiens, écrivent Gilles Morin et Annette Wieviorka, se souviennent (avec plaisir, amusement et peut-être même nostalgie) de la salle de lecture au quatrième étage du commissariat de la rue de la Montagne-Sainte-Geneviève, en plein cœur du Quartier latin. On n'y disposait pas d'inventaires. On exposait l'objet de sa recherche et, selon la tête du client et la compétence de l'agent présent, on se voyait confier ou non de précieux documents. Sur ce dernier point il n'y a pas de nostalgie. » On ne saurait mieux dire.

Ma première visite, à la fin des années 1990, avait été couronnée par un succès inattendu, qui devait tout au hasard, lorsque je retrouvai, en consultant des archives psychiatriques, le diagnostic inédit du premier internement de Gérard Labrunie, alias Gérard de Nerval, en 1841.

La chance devait me sourire une deuxième fois quelques années plus tard. J'enquêtais alors sur l'homosexualité dans les années 1830-1940 pour ma thèse sur le troisième sexe. Ayant demandé les dossiers de la « Brigade des mœurs », je me vis remettre, sans un mot, par l'agent du jour, un épais classeur. Il dressait la liste de toutes les maisons closes à Paris... par nom de rue, chaque établissement renvoyant à un dossier particulier. Il y en avait des milliers. Que faire de cette masse indistincte, où le nom du patron ou de la tenancière était rarement mentionné, et qui ne me renseignait pas sur la spécialité – homosexuelle ou non – de l'établissement ? N'écoutant que mon courage, qui ne me disait rien, j'entrepris malgré tout de lire comme un âne cet annuaire de la sexualité tarifée. L'heureux hasard voulut que « rue de l'Arcade » (à la lettre A, et donc au début du classeur) se situât l'établissement tenu par un certain Albert Le Cuziat. Or tous les proustiens le savent : Le Cuziat est le modèle de Jupien. Sauvée par le gong de l'ordre alphabétique (car je ne jurerai pas, à mon état de somnolence, que je serais allée jusqu'à la rue Zadkine), je demandai aussitôt le dossier. Récapitulons.

En 1911, Proust rencontre Albert Le Cuziat (1881-1938), domestique qu'il surnommera bientôt son « gotha vivant ». Ce jeune homme originaire des Côtes-du-Nord (aujourd'hui Côtes-d'Armor), monté à Paris, recommandé par le curé de son village à un prêtre parisien manifestement bien introduit, est alors le valet de pied du prince Orloff ; en quelques années, il est passé dans les meilleures maisons – celle du prince Constantin Radziwill et celle de la comtesse Greffulhe notamment. L'unique photographie qui est demeurée de lui montre un jeune homme à la fois robuste et élégant, aux traits fins, malgré des lèvres un peu trop charnues pour être honnêtes ; il y a dans sa pose – une main dans la poche, très droit –, dans son regard clair fixant fièrement l'objectif, dans ses cheveux coiffés en toupet, un rien de morgue, mais Le Cuziat a été à bonne école. Céleste Albaret, qui le détestait, ne voyait en lui qu'un « grand échalas de Breton » aux « yeux bleus, froids comme ceux d'un poisson – les yeux de son âme », quand Maurice Sachs, qui l'a connu plus âgé, confirme sa « très grande distinction » et le maintien de ce « visage aristocratique et *conservateur* ». Gageons que Proust, plus sensible aux bruns à moustache façon Agostinelli qu'au blond Le Cuziat, qui n'était pas « son genre », a été moins retenu par la pureté de son profil que par son érudition en matière généalogique, élevée chez lui au rang de science exacte. Sa connaissance de l'étiquette, du protocole et des mœurs de l'aristocratie, des alliances officielles et officieuses, est de celles, irremplaçables, qui sont guidées par la passion d'un métier où il mettait un zèle inaccoutumé, mêlé à une forme de fascination pour l'intrigue dans le cercle des puissants.

« Albert avait le goût domestique ; il aimait servir comme d'autres aiment commander », précise encore Maurice Sachs, avant d'ajouter, à peine sibyllin : « On n'eut sans doute pas beaucoup de peine à le faire servir de plus d'une façon. » Et c'est de plus d'une façon, en effet, que Proust va faire servir cet homme qui «prenait tant de plaisir à s'entremettre», quitte à donner parfois de sa personne. N'est-ce pas lui qui aurait inspiré le fameux épisode de l'aboyeur dans *Sodome et Gomorrhe*? Ce goût des rencontres furtives entre hommes, dont il donne le détail à Proust, va même conduire Albert Le Cuziat à se reconvertir dès 1913 en patron d'un «établissement de bains», rue Godot-de-Mauroy, dont la réputation était «tout un programme», aux dires de Céleste. C'est à cette époque qu'il vient voir Proust, lequel lui remet les clés de sa remise du boulevard Haussmann, où s'accumule le mobilier hérité de sa famille, afin qu'il choisisse de quoi garnir sa chambre personnelle. L'écrivain s'en repentira lorsqu'il constatera de lui-même, quelque temps plus tard, que Le Cuziat a en réalité utilisé ces meubles pour équiper un autre établissement, l'hôtel Marigny, acquis en 1917, garni à double issue situé au 11, rue de l'Arcade, et qui n'est rien d'autre qu'un bordel pour homosexuels: le futur «Temple de l'impudeur» décrit dans *Le Temps retrouvé*. Tout indigné que Proust se montre devant Céleste à l'idée que Le Cuziat ait pu se servir de ces meubles «pour des besoins écœurants», il n'en tient pas moins une nouvelle illustration d'un des thèmes centraux de son œuvre: la profanation du souvenir familial dans la sexualité, que l'on retrouve dans l'épisode où le narrateur cesse de se rendre dans la maison close qu'il fréquentait le jour où il y retrouve les meubles de tante Léonie donnés à la patronne: «toutes les vertus qu'on respirait dans la chambre de ma tante à Combray, m'apparurent, suppliciées».

Mais, contrairement au narrateur, Proust continue de se rendre chez Le Cuziat, modèle de Jupien et source bien trop précieuse d'informations. Selon Céleste, les histoires qu'il rapportait à Proust étaient « un drôle de potage ». Il révélait sans difficulté les noms de ses clients (parmi lesquels des ministres et des députés), leurs habitudes, les raffinements de leurs « vices », jusqu'à proposer à l'écrivain d'assister à certaines scènes derrière une petite fenêtre dont certaines chambres étaient ornées. De ces expéditions voyeuristes, Proust tirera la fameuse scène de flagellation transposée dans *Le Temps retrouvé*, où Charlus, tel « Prométhée enchaîné », se livre avec complaisance aux coups répétés d'un employé de la maison. À son retour, il raconte le détail de ce qu'il a vu à Céleste, « écrasée d'horreur » par cette description d'un gros industriel cadenassé à un lit, se faisant fouetter jusqu'au sang pour accéder à la jouissance : « Mais, Monsieur, comment avez-vous pu regarder ça ? — Justement, Céleste, parce qu'on ne peut pas l'inventer. »

Poste d'observation sans rival, la rue de l'Arcade offre à Proust les éléments qui viendront nourrir ses pages les plus spectaculaires sur le sado-masochisme, les rapports de classe et de sexe et la vie nocturne de Paris-Sodome. Mais s'il mesure l'intérêt de sa source, son caractère très méfiant lui commande aussi de prendre de multiples précautions. Chaque fois que Céleste est chargée d'apporter une lettre à Le Cuziat, Proust insiste afin qu'il la lui rende aussitôt lue. « Quand je vais là, confie-t-il encore, je n'aime pas beaucoup m'y attarder, avec les opérations de police qui s'y font. Je ne voudrais pas parader dans les journaux demain ! »

Marcel Proust voyait juste, à moins qu'il ne parlât déjà en connaissance de cause. C'est ce que révèle le dossier des archives de la police sur « Le Cuziat Albert », dont les activités ont été dénoncées, comme dans 99 % des cas, par une lettre anonyme. Celle-ci a été envoyée le 10 janvier 1918 pour alerter les autorités sur les « boîtes de la rue Godot et de la rue des Arcades [*sic*], où le tenancier attire et procure des jeunes gens, soldats, marins, et où des officiers amateurs, comme des civils, viennent faire une noce ignoble ».

De ces lettres qui arrivent en abondance sur les bureaux des commissariats, souvent signées « un citoyen honnête », « un père de famille respectable » – autant de clients de Jupien –, la police en général se méfie et note en marge qu'elles émanent la plupart du temps d'une concurrence jalouse ou d'élucubrations difficilement vérifiables. Par ailleurs, quelles poursuites entreprendre ? On le sait, l'homosexualité, par la grâce de Cambacérès, l'un des rédacteurs du Code civil, accessoirement surnommé « Tante Urlurette », n'est pas criminalisée en France, au contraire de l'Angleterre ou de l'Allemagne. Derrière les portes des maisons closes, où l'on ne peut invoquer l'outrage « public » à la pudeur, les seuls motifs d'inculpation restent l'« excitation habituelle de mineurs à la débauche » et, en ces temps de guerre, la vente d'alcool en dehors des heures autorisées. C'est dans ce double piège qu'Albert Le Cuziat va tomber.

Dans la nuit du 11 au 12 janvier, une descente de police a donc lieu à l'hôtel Marigny de la rue de l'Arcade. Le rapport du commissaire Tanguy sera remis le 19 du mois au préfet de police :

> Cet hôtel m'avait été signalé comme un lieu de rendez-vous de pédérastes majeurs et mineurs. Le patron de l'hôtel, homo-sexuel [*sic*] lui-même, facilitait la réunion d'adeptes de la débauche antiphysique. Des surveillances que j'avais fait exercer avaient confirmé les renseignements que j'avais ainsi recueillis.
> À mon arrivée, j'ai trouvé le sieur Le Cuziat dans un salon du rez-de-chaussée, buvant du champagne avec trois individus aux allures de pédérastes.

Sur une feuille jointe, on peut lire en effet l'état civil des « individus » en question, réunis dans le salon dit de la « beuverie », situé au rez-de-chaussée. Une bouteille de champagne, quatre verres trônent au milieu de la pièce – premier motif d'inculpation suffisant. Outre Le Cuziat, sont présents :

> PROUST Marcel, 46 ans, rentier, 102, boulevard Haussmann
> PERNET Léon, né à Paris (15e) le 3 avril 1896 [...] soldat de Ire classe du 140e Régiment d'Infanterie. [...] En congé de convalescence illimité, en attendant sa mise à la réforme N° I.
> BROUILLET André, né à Nention (Dordogne), le 5 mars 1895 [...] caporal au 408e d'Infanterie en

congé illimité de convalescence en attendant sa mise à la réforme N° I, demeurant 11, rue de l'Arcade.

Nous sommes en 1918. Outre *Les Plaisirs et les Jours* et de nombreux articles, Proust a déjà publié *Du côté de chez Swann* à compte d'auteur chez Grasset et reçu les éloges de la critique. Auteur fêté, il s'apprête à faire paraître chez Gallimard *À l'ombre des jeunes filles en fleurs*, qui obtiendra le prix Goncourt l'année suivante. Officiellement, il est « rentier » – ce qui était matériellement exact : Proust vivait de ses rentes, et non de ses droits d'auteur. « Écrivain », « auteur », cela aurait-il éveillé les soupçons de la police au point de laisser craindre d'éventuelles fuites dans les journaux ? C'est possible, d'autant que l'administration aurait eu peine à croire que Proust, lui si soucieux de préserver sa réputation jusqu'à dénier énergiquement son homosexualité, se trouvait là par nécessité professionnelle...

Que Proust ait été pris dans une rafle, voilà qui, statistiquement, n'a rien de si surprenant. L'émotion viendrait plutôt d'une incongruité *rhétorique* qui fait tout à coup se rencontrer et se superposer, dans la poussière des archives, la sécheresse mécanique du discours policier avec les pages inoubliables sur la « race des tantes », cette « race maudite » dont Proust s'acharne à décrypter la singularité, à cerner les allures, à comprendre la grammaire. Dans ce mouvement de balancier entre visibilité et dissimulation qui rythme toute la *Recherche*, les « invertis » sont toujours, à un moment ou à un autre, trahis par un geste, une intonation de la voix, le biais d'un regard. Ces mœurs que l'on dit inavouables, le corps se charge un jour ou l'autre de les dénoncer. La police, elle, ne s'embarrasse pas de littérature : Proust Marcel, en compagnie de deux jeunes conscrits buvant du champagne dans un salon, est, au premier coup d'œil et sans autre forme de procès, un individu « aux allures de *pédéraste* » – mot que Proust, soit dit en passant, n'emploie pas une seule fois dans la *Recherche*.

Le rapport poursuit :

> Après lui avoir décliné ma qualité et exhibé le mandat dont j'étais porteur, je l'ai invité [Le Cuziat] à me conduire dans les chambres d'hôtel.
> Au rez-de-chaussée, dans une chambre que Le Cuziat m'a dit être la sienne, j'ai trouvé un individu de mine efféminée, en tête à tête avec un lieutenant belge.
> Dans chacune des chambres n° 1 et 2, au 1er étage, dites de « passe », j'ai trouvé un couple d'hommes. Chaque couple se composait d'un majeur et d'un mineur et leur attitude ne laissait aucun doute sur le motif de leur présence dans ces chambres.
> Deux de ces mineurs, interrogés, ont fait des aveux complets.
> Le nommé Le Cuziat, également interrogé, a avoué, lui aussi, qu'il était un adepte de la débauche anti-physique et qu'il ne croyait pas faire mal en recevant dans son hôtel des homo-sexuels [*sic*].
> Procès-verbaux ont été dressés contre lui pour excitation habituelle de mineurs à la débauche ainsi

que pour vente de boissons après l'heure réglementaire de fermeture des établissements publics.

Quant aux couples d'hommes présumés « homosexuels » trouvés dans les chambres, les policiers citent un lieutenant belge en compagnie d'un « artiste » de dix-huit ans, un médecin aide-major sans permission avec un garçon d'hôtel de dix-neuf ans, un passementier, soldat, avec un jeune homme de dix-sept ans. À la rubrique « Personnel » est aussi mentionné : « FERRAHOUI Mohamed Saïd, né à Constantine, le 1er janvier 1890 [...] garçon (connu comme homosexuel) (Pas mobilisable). » La loi est la loi : on a beau avoir un métier, risquer sa vie au front pour l'honneur de la patrie, la majorité reste fixée à vingt et un ans et les « actes contraires aux bonnes mœurs » tombent sous le coup de l'attentat à la pudeur, même sans violence.

Dès le 2 février, l'hôtel Marigny est frappé par la consigne à la troupe française : aucun soldat n'a désormais le droit de s'y rendre. Pédérastie et vertu martiale ne sont pas censées, officiellement, faire bon ménage, *a fortiori* en ces temps de conflit où l'homosexuel a vite fait d'être accusé de démoraliser la nation et de compromettre la virilité de l'armée. Cette décision, comme l'explique Le Cuziat dans sa lettre du 4 février au préfet, signifie sa ruine, ses revenus provenant principalement des militaires en permission. Il demande une nouvelle enquête afin que la police constate que sa maison n'est plus fréquentée par des « pédérastes » et tente cette justification assez peu crédible : « J'ai dû réformer complètement les habitudes de la maison telle qu'elle m'avait été cédée il y a six mois seulement par mon prédécesseur et je n'ai pu le faire d'une façon aussi prompte et radicale que je l'eusse désiré. » Le 5 mars, Le Cuziat est condamné par la 10e chambre correctionnelle à quatre mois d'emprisonnement et 200 francs d'amende.

À sa libération, la police le tient à l'œil. Le 20 octobre 1918, le brigadier Lechat remet un nouveau rapport, consignant deux vérifications effectuées « dans le but de s'assurer si des homo-sexuels ne s'y donnaient pas rendez-vous. Ces surveillances n'ont donné aucun résultat, car aucun de ces individus n'a été remarqué se rendant dans cet hôtel », où semblent résider des locataires sans histoires. Mais comment reconnaître un « homo-sexuel », en dehors des stéréotypes, de ces manières « efféminées », de ces « déhanchements caractéristiques de l'inverti » dont les archives policières soulignent volontiers la caricature ? L'administration ne le dit pas, mais se montre plutôt bonne fille : le brigadier, qui a l'esprit pratique, soumet entre les lignes un avis assez favorable à la demande de Le Cuziat de levée de la consigne « dans le but de recevoir les samedi et dimanche les permissionnaires militaires, cette clientèle lui étant d'un rapport plus important que les locataires qu'il loge actuellement ». Étant entendu que « cet hôtel ne serait cependant pas perdu de vue ».

Au mois de décembre, rien n'a pourtant changé, et Le Cuziat s'impatiente. Est-ce lui qui a directement demandé à un personnage haut placé, comme il lui arrivait d'en recevoir incidemment dans son établissement, d'intercéder en sa faveur ? Ou s'est-il adressé à Proust, qui serait intervenu en sous-main ? Toujours est-il que, le 12 décembre 1918, François Froment-Meurice, honorable membre du Conseil municipal de Paris et neveu de Paul Meurice, exécuteur testamentaire de Victor Hugo, écrit à la préfecture de police pour appuyer personnellement la demande de levée de la consigne – geste efficace : elle sera ordonnée le 20 janvier 1919. Or François Froment-Meurice n'est autre que le beau-frère de Constantin Ullmann, jeune homme riche qui ne fait pas mystère de ses préférences sexuelles – il aurait proposé, pour plus de commodité, un mariage blanc à Liane de Pougy. En 1902, il semblerait que Proust ait profité de l'absence de Reynaldo Hahn pour approfondir leurs relations (« cela doit te paraître bien salaïste », écrit-il à Antoine Bibesco en évoquant cette rencontre), avant de lui proposer un temps d'être son secrétaire. Ullmann, ancien amant de Proust, aura donc sans doute relayé le message à son beau-frère, selon la technique du billard à trois bandes, familière de l'écrivain.

Que Proust, qui déployait une ardeur allant jusqu'au duel pour nier les accusations d'homosexualité à son encontre, ait été horrifié à l'idée que cette descente de police soit connue et l'ait soigneusement tenue secrète, voilà qui ne fait de doute pour personne. À la fin de l'année 1919, il découvre avec effroi l'« Ode » que lui consacre Paul Morand dans son recueil *Lampes à arc* et qui se termine par ces mots équivoques :

> *Proust, à quels raouts allez-vous donc la nuit*
> *pour en revenir avec des yeux si las et si lucides ?*
> *Quelles frayeurs à nous interdites avez-vous connues*
> *pour en revenir si indulgent et si bon ?*
> *et sachant les travaux des âmes*
> *et ce qui se passe dans les maisons,*
> *et que l'amour fait si mal ?*

La réponse de l'intéressé fuse aussitôt, avec toute l'énergie de la dénégation : « J'avoue que le sacrifice eût été sanglant pour moi, s'il m'avait fallu écrire d'un ami les vers […] sur les mystérieuses frayeurs qui m'ont paraît-il rendu pâle à tout jamais. Cela signifie évidemment la supposition que j'ai été pris dans une rafle ou laissé pour mort par des apaches. » Inconcevable, en effet.

De là, que sont devenues ses relations avec Albert Le Cuziat ? Proust a-t-il été échaudé au point de ne jamais retourner rue de l'Arcade ? En a-t-il voulu à celui qui aurait pu le faire chuter ? D'après Céleste, Proust n'aimait pas Le Cuziat, dont il se disait même un peu « dégoûté »; seuls les besoins de son livre auraient porté ses pas dans l'infâme établissement. Nul doute que Céleste Albaret ait été sincère dans le récit de ses souvenirs, malgré les cinquante ans qui s'étaient écoulés depuis la mort de Proust lorsqu'elle raconta sa vie avec lui au journaliste Georges Belmont. Que Proust l'ait été autant qu'elle, voilà qui est peut-être plus suspect. Se sentait-il vraiment contraint d'aller à l'hôtel Marigny par nécessité professionnelle ? Fréquenta-t-il seulement Le Cuziat pour alimenter la *Recherche* ou, plus raisonnablement, pour joindre l'utile à l'agréable ? La postérité se chargera de noircir, parfois à traits épais, ce blanc soigneusement aménagé dans la vie intime de l'écrivain. Proust mort, la légende pouvait commencer et, avec elle, se dessiner la figure d'un Le Cuziat au rôle déterminant dans la vie sexuelle de son illustre mécène. Selon les uns, Albert et son ami André cité dans le rapport de police n'auraient pas seulement prêté leurs prénoms au couple Albertine/Andrée, mais auraient formé la base d'un triangle amoureux dont Proust aurait été le sommet ; selon les autres, c'est avec Le Cuziat que Proust aimait profaner des images de femmes respectables, dont celle de sa propre mère, à l'instar de Mlle Vinteuil crachant sur la photographie de son père sur les encouragements de son amie. Les témoignages rapportent encore que c'est à l'hôtel Marigny que Proust, peinant à trouver une jouissance essentiellement onaniste, faisait venir des rats en cage et demandait à ce qu'on les perce avec des épingles à chapeau, cette mise en scène lui permettant seule d'arriver à ses fins.

Il est aussi difficile d'accorder du crédit à ces allégations que de les ignorer. Reste, dans tous les cas de figure, que Le Cuziat en est le centre mystérieux, et que cette place gagne en complexité à mesure qu'on la toise. Cet homme, dont Proust admettait le côté « mauvais garçon », lui avait écrit une lettre à l'occasion de la mort de sa mère. Proust en avait été bouleversé : « C'est même peut-être une des plus belles lettres que j'aie lues sur la mort d'une mère. » Cette phrase mérite d'être retenue, en ceci qu'elle éclaire peut-être un sentiment que l'on néglige ordinairement dans la relation de Marcel Proust à Albert Le Cuziat : la tendresse. La tendresse pour un voyou qui aimait sa mère, pour un traître qui s'était toujours montré fidèle, pour un domestique qui parlait mieux le français qu'un duc. Comme le sadique est l'homme qui recèle le cœur le plus sensible, comme le cruel est l'être le plus sentimental, Le Cuziat a peut-être été, au fond, et selon un paradoxe proustien éprouvé, un blasphémateur éminemment moral. « Comment va Albert ? » demandait Proust six mois avant sa mort. « J'ai des démangeaisons d'ennui après lui. La vie passe et on ne voit pas ceux qu'on aime. Ma seule supériorité c'est de ne pas voir non plus les autres. »

Après la mort de Proust, Albert Le Cuziat va devenir le témoin clé d'une vie propre à alimenter tous les phantasmes. À ce titre, il sera, jusqu'à sa mort en 1938, visité comme un monument par une génération fascinée, allant de Maurice Sachs à Marcel Jouhandeau, qui tous deux fréquentèrent son nouvel établissement de la rue Saint-Augustin, où il sera, encore, inquiété par la police en 1923 – quatre couples d'hommes seront arrêtés, dont deux mineurs. Quelques années plus tard, Le Cuziat tient un nouvel établissement de bains rue Saint-Lazare où un visiteur inattendu, Walter Benjamin, traducteur des premiers volumes de la *Recherche* en allemand, se déplace pour le rencontrer. Frappé par son « incroyable beauté », il tente de lire sur son visage l'intérêt que Proust devait y déceler :

> *Le mixte parfait de la plus extrême soumission et de la plus grande capacité de décision, qui caractérise les laquais (comme si la caste des maîtres n'éprouvait pas de plaisir à commander à des gens qui ne ressembleraient pas à des chefs) [...] a pour ainsi dire fermenté dans ses traits, si bien que quelque chose de compassé, un trop-plein d'énergie à vide, le fait par moments ressembler à un professeur de gymnastique.*

À cette époque, Le Cuziat présidait aussi aux destinées d'une « maison de danse » rue de Lappe (rebaptisée « rue de Lope » par Willy), le Bal des Trois Colonnes, où se croisaient prostitués et travestis. C'est là que Wallace Fowlie, écrivain et critique en herbe, s'était attablé un soir et qu'il vit arriver le patron, un homme d'allure très respectable. Albert Le Cuziat lui parla d'emblée de littérature et, bien sûr, de Marcel Proust. Avant de déclarer fièrement : « Moi, Monsieur, je suis Jupien. »

Sans incidence sur notre lecture de la *Recherche*, la révélation de ces archives policières donne une réalité supplémentaire aux accointances entre le grand monde et celui des domestiques liés à la prostitution. Albert Le Cuziat était de la même génération que Joseph Theis, le maître d'hôtel de mon arrière-grand-mère Murat. Se sont-ils croisés, connus ? Auraient-ils eu des activités similaires de proxénètes, chacun dans un « genre » différent ? Les deux « nièces » de Joseph, qu'il recevait discrètement dans l'hôtel de la rue de Monceau et dont tout porte à croire qu'elles étaient des prostituées venues rendre des comptes au patron, exerçaient dans une maison de la rue Godot-de-Mauroy, où Le Cuziat eut un temps un établissement de bains destiné aux rencontres entre hommes. À ces voisinages s'ajoute un autre détail troublant. Selon le récit de Cécile Gutzwiller, il n'était pas rare de voir Jean, le valet de pied sous les ordres de Joseph, avec du bleu aux paupières et du rouge à lèvres. Le soir, il sortait, juché sur des hauts talons, enveloppé de voiles mauves et d'un parfum capiteux. Allait-il du côté de la rue de Lappe danser au Bal des Trois Colonnes, « le plus bath des musettes » ?

L'étau se resserre dans un carnet de notes tenu par Proust, dit agenda de 1906, conservé à la Bibliothèque nationale de France. Dans leur formidable travail de transcription et d'édition, les exégètes rapportent qu'une page, le f⁰ 8v, « révèle le lien que Proust établit entre certains membres de l'aristocratie – les princes Murat et Radziwill, le marquis de Ganay – et leur domesticité, en constituant une série de "couples" ». Si Constantin Radziwill était connu pour ses amours masculines et ancillaires, seule une anecdote rangerait Jean de Ganay dans cette catégorie. « Quant à Joachim Murat, nous n'avons trouvé aucune rumeur à son sujet, mais l'insertion de son nom dans cette liste suggère qu'il devait aussi "en être". » Ce n'est pas tout. Sur le même f⁰ 8v figure la mention de l'hôtel de Madrid, maison de rendez-vous pour hommes située au 6, rue de la Bourse, où Proust est probablement allé faire une enquête. Simple énumération d'éléments sans rapport ? Ou les « couples » maîtres-valets se constituaient-ils dans cet établissement spécialisé? Ironie du sort, le commissaire Tanguy fera une descente à l'hôtel de Madrid en mars 1918, deux mois après celle effectuée à l'hôtel Marigny de la rue de l'Arcade.

On sait l'intérêt passionné de Proust pour les domestiques. Dans l'agenda de 1906, il s'attache en particulier aux « valets Murat », alors considérés comme une référence et reconnaissables à leur livrée – habit bleu, boutons dorés aux armes, culotte rouge, bas blancs et souliers à boucle. Il fera même de l'un d'eux, Gaston Coignet, engagé par mon arrière-grand-père, le valet de pied – sous son vrai nom – du baron de Charlus.

Au-delà des anecdotes et des coïncidences, les relations maîtres-domestiques/prostitués fascinaient au moins autant la police que Proust. Les archives de la brigade des mœurs regorgent d'histoires sordides, de chantages, de menaces et de traquenards où jésus (prostitués) et mouchards, policiers jouant les appâts et malfrats déguisés en commissaires rivalisent d'ingéniosité pour profiter des faiblesses de quelques hommes riches. Y figurent des grands noms qui pourraient être ceux de la *Recherche*, qu'il s'agisse de Villemain, professeur respecté de la Sorbonne et ancien ministre de l'Instruction publique, ou du prince de Montmorency, surpris en mauvaise posture (« Le prince se faisait enculer »). C'est là, d'ailleurs, la plus grande surprise des policiers : la passivité, dans l'acte sexuel, des maîtres par rapport aux domestiques ou aux ouvriers, qui jouent le rôle « actif ».

Parce qu'il signale et démontre une possible déstabilisation des valeurs, le troisième sexe représente idéologiquement un danger évident : si l'homme consent à *faire la femme*, le maître peut se retrouver de même sous l'empire du domestique, et par extension tout pouvoir être *renversé*. C'est pourquoi la police sera prompte à réaffirmer l'ordre (politique) dans le désordre (sexuel), à l'heure où le rapport homme-femme, agent-patient, sodomisant-sodomisé, demeure indissociable de la relation dominant-dominé. En 1883, un rapport de la police des mœurs au Conseil municipal de Paris identifie clairement les deux parties : « Quand un couple est pris, généralement le drôle qui se vend – [...] des garçons coiffeurs, de jeunes domestiques sans place, des petits apprentis et autres de même acabit –, garçon de peu, sujet passif, est retenu et paye pour son complice, sujet actif, personnage de rang honorable » – ce dernier, admet l'auteur du rapport, ayant rarement maille à partir avec les tribunaux. Quelques années plus tard, une étude sur *Le Vice à Paris* corrobore ces propos : « Les pédérastes se recrutent presque généralement dans les deux classes les plus opposées de la société : celle dite du monde, qui fournit la partie active, et la dernière, composée des individus formant la partie féminine. [...] La classe bourgeoise est, en général, exempte de cette infection morale. »

Ce préjugé qui fait sourire aujourd'hui, les archives le démentent plus souvent qu'à leur tour. Notons cependant que les invertis proustiens sont essentiellement issus de l'aristocratie et du prolétariat. À l'exception du banquier Nissim Bernard ou du violoniste Morel (fils honteux de domestiques ayant intégré la bourgeoisie), les bourgeois (Cottard, Verdurin, Swann, Bontemps, Bloch, Elstir, Vinteuil…), dans l'ensemble, «n'en sont pas», tout comme, bien sûr, le narrateur. Qui, comme chacun sait, n'est pas Marcel Proust.

Venise, détour et des tours

Au printemps 1900, Proust se rend pour la première fois à Venise avec sa mère. Une photo le montre assis dans un siège en osier au balcon de son hôtel, tournant le dos à l'objectif, ne laissant voir qu'un profil à moitié mangé par sa main posée devant sa moustache, le regard perdu dans la contemplation de la lagune. Jean-Yves Tadié lui trouve, engoncé dans son manteau avec un chapeau melon sur la tête, une ressemblance avec Charlot. Nous sommes au mois de mai. John Ruskin, l'historien de l'art, le penseur révéré, grand connaisseur de l'Italie et de l'art gothique, est mort en janvier. Marcel lui avait consacré une notice nécrologique. À Venise, il marche sur les brisées du maître disparu, dont *The Stones of Venice* n'existe pas encore en version française. Or Proust, qui traduira *La Bible d'Amiens* et *Sésame et les Lys* avec le concours très actif de sa mère, sait mal l'anglais. C'est Marie Nordlinger, retrouvée dans la cité des Doges avec Reynaldo Hahn, qui l'aidera *in situ* à déchiffrer *Les Pierres de Venise*.

Je n'ai pas forcément le goût des pèlerinages idolâtres. Mais, lors d'un passage éclair de deux jours à Venise, je me suis mise, sur un coup de tête, à tenter de retrouver l'hôtel où Proust et sa mère étaient descendus. Painter affirme qu'il s'agit du Danieli, Kolb corrige : c'est *l'albergo Europa*, l'hôtel de l'Europe ou palais Giustinian. Je regarde sur la carte. Le palais Giustinian est à un jet de pierre d'un magasin d'antiquités qu'une amie m'a recommandé : L'Angolo del passato. Proust aurait donc séjourné face à l'angle du passé. C'était trop beau.

L'Angolo del passato est un petit magasin qui vend des verres anciens, modernes et contemporains. À l'heure où je m'y rends, il n'y a personne, si bien que je peux avoir une longue conversation avec Elena, la femme qui tient boutique ce jour-là en l'absence de la propriétaire. Au bout d'un moment, je finis par lui demander où se trouve le palais Giustinian. Elle me désigne un grand bâtiment de l'autre côté de la place, où loge désormais l'université. « Et savez-vous si cela a été un hôtel, vers 1900 ? » Elena secoue la tête. Un hôtel, non, jamais. Mais le palais mitoyen, qui est privé, peut-être. Je demande à Elena le nom de la famille propriétaire. Et là, mon cœur sursaute. Dans ces lieux a vécu une jeune femme de ma génération, Marie, que j'ai toujours connue même si je ne la voyais que de loin en loin, sa famille maternelle étant liée depuis des générations à ma famille paternelle. Marie, la douce et rousse Marie, est morte à cinquante ans en laissant trois fils et une mère inconsolable. À Venise, elle travaillait le verre avec les artisans de Murano, réinterprétant dessins et techniques. « Elle était toujours souriante, avec tout le monde, me dit Elena, les méchants et les gentils, toujours un mot pour chacun, les idiots comme les intelligents. » Cette simple évocation suffit à faire remonter l'image évanescente de Marie, son teint de lait et sa chevelure fauve, sa voix mélodieuse, jusqu'à remplir mes yeux de larmes. J'ai remercié Elena et suis repartie avec quatre beaux verres.

Il me restait deux heures avant de reprendre le vaporetto en direction de l'aéroport. Je me suis installée à un café au pied du pont de l'Académie et j'ai commencé à lire sur mon téléphone, face au Grand Canal, *The Stones of Venice*. Entrer dans la bibliothèque d'un écrivain, lire les textes qu'il a eus entre les mains, qui plus est dans les lieux mêmes de son séjour, tel est le seul vrai pèlerinage, ou en tout cas la proximité la plus étroite que l'on puisse trouver avec une pensée. Dès les premières pages, Ruskin corrèle l'établissement d'une aristocratie avec le déclin de la société vénitienne. Et soudain, je me suis retrouvée transportée dans le faubourg Saint-Germain.

Arrivée à Paris, mon premier geste a été de vérifier le parcours de Proust dans la cité des Doges. J'ai découvert qu'il y avait deux palais Giustinian à Venise : l'un dans le quartier du Dorsoduro (où se trouve L'Angolo del passato) et l'autre à côté de San Marco, qui abrite aujourd'hui les bureaux de la Biennale de Venise. C'est dans ce dernier, ancien hôtel de l'Europe, que Proust avait séjourné. Je ne l'avais pas même regardé.

J'avais donc fait fausse route. À moins que ce détour n'ait été l'un de ces tours dont Proust, plein de malices (« Ah, sac à ficelles ! » disait Céleste), y compris posthumes, a le secret, en nous conduisant dans les régions méconnues de l'inconscient et de la mémoire, ouvertes aux résurgences inattendues d'un souvenir enfermé au fond de soi «comme aux "plombs" d'une Venise intérieure». Après tout, n'est-ce pas à Saint-Marc qu'il fit l'expérience des pavés inégaux, sensation qui devait resurgir, par la grâce de la mémoire involontaire, dans la cour de l'hôtel de Guermantes, au milieu du *Temps retrouvé*? À mon retour, j'ai écrit à la mère de Marie pour lui dire combien le souvenir de sa fille était vivant, rayonnant, où qu'on l'évoque. Elle m'a appris que les verres que j'avais achetés provenaient de la société fondée par Marie, désormais reprise par l'un de ses fils.

Réel introuvable, réel retrouvé

Hier, j'ai entendu par hasard à la radio la rediffusion d'un entretien avec Annie Ernaux. La journaliste lui demandait de décrire en une phrase son milieu d'origine. Sa réponse : « Le réel, sans les mots. » Elle précisait qu'elle se souvenait de sensations, d'affects, de cris – de joie ou de colère –, mais qu'ils étaient assortis d'« un français écorché, mâtiné de patois », une langue fondamentalement « incorrecte ».

En l'écoutant, j'ai compris que j'étais issue, presque rigoureusement, du contraire : les mots, sans le réel – si tant est que vivre sans réel ait le moindre sens. Mais la langue, la correction de la langue, sa vivacité, ses couleurs, son relief écrasaient tout. *C'était* le réel. Bien sûr, c'est l'absence totale de soucis matériels qui nous offrait la liberté de nous adonner à ce luxe exclusif et bizarre. Mais tous les gens riches ne s'y livrent pas.

Depuis mon plus jeune âge, j'ai l'impression d'avoir barboté dans un bain de phrases où la vie semblait s'être réfugiée tout entière, une vie de tête, en somme, ramassée dans la parole souveraine. Évidemment, comme tout le monde, nous traversions des expériences et vivions des événements, nous éprouvions des émotions, des souffrances, des plaisirs. Mais ils devaient être soit tus par pudeur ou bienséance, soit passés au tamis d'un récit toujours maîtrisé. Et dans cette maîtrise se logeait une forme de volupté maniaque. Tout du moins est-ce comme cela que je l'ai vécu et que je m'en souviens.

Cela passait, très classiquement, par l'exigence d'une exactitude grammaticale de base, mais aussi par une certaine netteté de la prononciation où entrait une façon de détacher les mots et les syllabes par *correction* (j'entends : par correction pour les autres, afin de se faire comprendre), d'insister sur certaines consonnes, de donner de l'effet aux fins de phrase, bref, ce qu'on appelle un accent de classe. Une année, une de mes sœurs avait spontanément adopté le tic d'une de ses professeures d'école qui ajoutait des « eu » traînants à la suite de certains mots, comme dans « Je suis allée à la piscin-eu », sonorisation du *e* muet que la linguistique appelle « *e* prépausal ». Je vois encore la panique sur le visage de ma mère, comme si la famille Groseille au complet avait pris possession du larynx de ma sœur. Menacée d'être envoyée sur-le-champ chez l'orthophoniste si elle n'abandonnait pas cette flexion inaudible, ma sœur, incapable de s'entendre, ne comprenait pas du tout le problèm-eu et regardait avec un certain désarroi ma mère, hors d'elle à l'idée qu'on puisse confondre sa fille avec « la fille de la concierge ». Je ne sais plus comment ce « drame » – mot dont on abusait dans la famille – a été résolu, mais je me souviens d'avoir enregistré très tôt ce devoir de préserver un certain phrasé, qui est sans doute le tout premier des marqueurs sociaux.

La primauté de la verbalisation sur les élans du cœur et les manifestations du corps, des mots sur les sensations, n'était pas seulement le signe d'un milieu qui charge la langue de contenir tous les débordements et d'assurer son intégrité de classe. La narration était l'obsession personnelle de mon père. Savoir s'exprimer, raconter une histoire, était le premier commandement. « Alors, raconte ! » demandait-il sans cesse. Je le vois encore lever les yeux au ciel et marquer son impatience lorsque nous avions le malheur de commencer un récit de voyage par : « Donc, le matin, j'ai pris le train… » Les détails inutiles, les banalités, le relâchement verbal n'avaient pas droit de cité. Il fallait être vif, rapide, amusant, singulier. Il fallait avoir *de l'esprit*. Mon père, qui était très drôle, en avait à revendre. Littéralement. Il partageait avec son ami Max Fould, dont la verve rappelait cet « esprit Meilhac et Halévy » que Proust attribue à la duchesse de Guermantes, la même passion pour les « bons mots », classiques (Alphonse Allais, Lucien Guitry, Tristan Bernard, Jules Renard, etc.), lus, entendus ou improvisés, au point de se les échanger ou de se les *acheter*. Je n'ai jamais su si ces transactions étaient réellement monnayées, mais je les revois encore dans mon souvenir négocier comme s'il s'agissait d'une affaire de la plus haute importance et donner à leurs plaisanteries un tour commercial – ou plutôt qu'ils se figuraient tel.

Cette passion presque nerveuse pour les jeux du langage s'étendait aux mots croisés, activité que mon père, grand lecteur de journaux français et anglo-saxons, pratiquait comme d'autres la gymnastique, en s'emparant de toutes les grilles qu'il pouvait trouver, du *Nouvel Observateur* (où sévissait son ami Robert Scipion) au *New York Herald*. J'ai encore en tête les définitions canoniques. Vide les baignoires et remplit les lavabos, en huit lettres : Entracte. Tchécoslovaque anarchiste, en cinq lettres : Amour (parce que l'amour est enfant de bohème qui n'a jamais jamais connu de loi). Du vieux avec du neuf, en onze lettres : Nonagénaire. Fait aller au cabinet, en trois lettres : ENA. A bien mérité le bâton, en huit lettres : Maréchal. Et ainsi de suite.

Si je m'en souviens, c'est que mon père les jetait souvent dans la conversation, au même titre que des mots d'esprit ou certaines citations célèbres, *incipit* et pastiches divers. Il n'était pas rare qu'au milieu du dîner il proclamât soudain d'une voix solennelle, et sans que rien pût laisser deviner l'éruption volcanique : « Levez-vous, orages désirés ! » (Chateaubriand), « Lorsque l'enfant paraît, le cercle de famille / Applaudit à grands cris... » (Hugo) ou « C'était à Mégara, faubourg de Carthage, dans les jardins d'Hamilcar... » (Flaubert) et, bien sûr, « Longtemps, je me suis couché de bonne heure ». Je n'étais pas sûre, enfant, de comprendre toute la signification de ces déclarations sorties d'une voix de Commandeur, mais l'essentiel était d'être pénétrée de l'immarcescible beauté de la littérature française, sans poser de questions. Ou de rire de ses détournements, comme dans cette parodie de Corneille que mon père déclamait l'index levé depuis le fauteuil où il était confortablement installé dans le salon, avec une autorité et un sérieux dignes d'un sociétaire de la Comédie-Française, lorsqu'il me voyait arriver, en dardant sur moi des yeux terribles où brillait un éclat d'ironie :

Prends un siège, Cinna, et assieds-toi par terre.
Et si tu veux parler, commence par te taire.

Ce qui avait pour effet immédiat – et voulu – de me faire asseoir en tailleur par terre, hilare mais bouche cousue. Et si je brisais le contrat en me montrant trop remuante, il poursuivait, en me jetant un regard faussement menaçant :

Ton nom est invaincu, mais non pas invincible
Et mon pied dans ton cul, reste chose possible.

Ce qui avait pour effet, voulu lui aussi, de me faire tordre de rire, tapant du poing sur le tapis. Mon père m'a rendu la littérature, sacralisée à table, moquée dans le salon, mais surtout discutée plus tard dans son bureau, jubilatoire.

Immensément cultivé, jamais pédant, mon père ignorait absolument l'esprit de sérieux. Ce qui le rendait aimable à bien des gens, vite à l'aise avec cet homme d'une stature pourtant imposante (1,86 m pour 100 kg), toujours vêtu avec un soin et une singularité frisant le dandysme, qui n'envisageait pas la vie autrement qu'adaptée à sa taille et à ses désirs. Lui qui aimait tant la démesure commandait tout sur mesure : costumes, chemises brodées à ses initiales, chaussures, certains plats dans ses restaurants favoris, jusqu'au siège d'une voiture qu'il avait achetée, ajusté afin que sa tête ne touchât pas le plafond. La seule fois qu'il a pris l'autobus de sa vie (avec moi, je devais alors avoir vingt ans), ignorant des usages, il s'adressa directement au chauffeur pour lui communiquer l'adresse où nous nous rendions. Tandis que je le tirais par la manche pour lui expliquer qu'un bus n'était pas un taxi, je fus frappée par la réaction du chauffeur qui, après avoir marqué sa surprise, comprit aussitôt qu'il n'y avait pas malice dans cette notification ahurissante et lui répondit très gentiment en lui indiquant l'arrêt correspondant. Ce qui encouragea mon père à continuer la conversation et à lui demander : « On m'a beaucoup parlé de cette carte qu'on dit "orange". Vous me la conseillez ? » Cette fois, je le poussai dans le fond de la voiture. Sa déconnexion du monde réel, si peu feinte, s'effaçait au profit de son originalité foncière dans sa façon d'être et de s'adresser à autrui, avec une spontanéité qui ne trompait pas. J'ai eu affaire cent fois à ce genre de situations avec lui. Personne ne lui en voulait jamais.

Mon père avait le sens de l'élégance comme celui du jeu et de l'amitié. Je crois n'avoir jamais rencontré quelqu'un qui souffrait autant de la vulgarité – un geste déplacé, une expression ordinaire trahissant une pensée médiocre l'atteignaient comme quelqu'un qui reçoit un coup. Cela n'avait rien à voir avec la classe sociale. Ou plutôt si. Bien des ducs et des grands bourgeois n'étaient pour lui que des « ploucs », mot qu'il employait à tout va et à leur destination exclusivement.

Il conchiait par-dessus tout les «hommes d'affaires», leurs manières, leur arrogance. D'ailleurs, il n'en connaissait pas un seul et, en rencontrait-il, fuyait leur compagnie. Il jurait volontiers, ne supportait pas qu'on dise «mince» plutôt que «merde». Il détestait le genre moyen, les conventions bourgeoises, tout ce qui était, au fond, euphémisé. Une amie m'a dit un jour: «Ton père, c'est une exagération de la nature.» Disons qu'il n'était pas dans la norme, *a fortiori* dans son milieu. Engagé volontaire en 1944, à dix-neuf ans, il avait refusé la Croix de guerre, estimant qu'il n'avait rien fait d'exceptionnel – ce que ma mère apprit par hasard, et des années après leur mariage. En revanche, il déclina net d'être rappelé pour l'Algérie, «cette guerre coloniale de merde», éructait-il encore des décennies plus tard, quand toute l'aristocratie souhaitait unanimement le maintien de l'Algérie française.

Partout, il creusait l'écart. Parfois, je me dis que tout a commencé avec le prénom dont ses parents l'affublèrent: Napoléon. Lorsque, enfant, il devait répondre à ses camarades d'école à la question «Comment tu t'appelles?», il s'attirait invariablement la même réplique: «Menteur!» Très tôt, on le surnomma Napo. Pour alléger. Mais je doute de l'aérienne efficacité d'une telle abréviation. Parmi les articles sur le mariage de mes parents, un journal titra: «Zazie assiste au mariage de "Napo"». En première page, on voit en effet l'actrice tenant le rôle-titre du film de Louis Malle, Catherine Demongeot, dix ans, entre mon père et ma mère, dont elle tient la main de chaque côté. Je note en passant que le prénom entre guillemets n'est pas celui du personnage fictif, mais de mon père.

Entre Oblomov et Barnabooth, modèles à demi-mot revendiqués, mon père s'était construit, avec un sens assumé de la provocation et de la dérision, un personnage de paresseux professionnel et de riche amateur. «On ne peut pas toujours travailler, il faut de temps en temps faire quelque chose», affirmait à l'envi ce rentier heureux, qui dormait neuf heures par nuit, faisait la sieste tous les jours, et chaque fois se réveillait ébloui par les rêves merveilleux qu'il venait de faire. Cet homme qui n'a jamais occupé d'emploi salarié (sinon pendant une période éclair au début de son mariage) a pourtant accompli bien des choses, en suivant une intuition que beaucoup pourraient lui envier: producteur d'*Un condamné à mort s'est échappé* de Robert Bresson, des premiers films d'un Louis Malle alors âgé de vingt-cinq ans (*Ascenseur pour l'échafaud*, *Les Amants*, *Zazie dans le métro*) et de *La Plaie et le Couteau: Charles Baudelaire* de Yannick Bellon, il a participé dès 1962 à l'élaboration des Cahiers de l'Herne (pour lesquels il interviewa Borges à Buenos Aires), co-écrit le scénario de *Ligeia* (1981) avec Maurice Ronet pour une adaptation télévisée, collaboré à une série d'émissions sur France Culture avec son ami Claude Pichois, etc. Mais d'«œuvre» à proprement parler, il n'en aura pas. Ou pas vraiment. Un essai sur *Henri Michaux* (Éditions universitaires, «Classiques du XXe siècle», 1967), un livre de poèmes (*Feuilles de présence*, L'Herne, 1972, rééd. Babel éditeur, 1995), un recueil de nouvelles (*Amorces*, L'Âge d'homme, 1998, l'année de sa mort) et une pièce de théâtre, *La Promenade des Anglais*, constituent un corpus bien réel, mais masquent mal l'absence des romans qu'il n'a jamais pu achever. Il souffrait de cet inaboutissement. Sa passion pour la littérature en était comme blessée. Mais il renâclait devant l'effort nécessaire pour y remédier sérieusement.

Proust, on le sait, est très dur avec cette catégorie d'amateurs, qu'il nomme «les célibataires de l'art», velléitaires coupables de s'en tenir à leur dilettantisme et de ne rien extraire de leurs impressions. «Ils ont les chagrins qu'ont les vierges et les paresseux, et que la fécondité ou le travail guérirait.» C'est le reproche plus ou moins explicite qu'il adresse à deux des personnages principaux de la *Recherche*, les plus cités après Albertine: Swann, l'érudit sans œuvre, et Charlus, qui ne fut jamais que le poète volubile et infructueux de la mondanité. Ceux pour lesquels le narrateur a peut-être le plus de tendresse, et aussi le moins d'illusions.

Comme Swann et Charlus, mon père était un homme divisé qui, ultimement, a renoncé à se soumettre à l'art, «ce qu'il y a de plus réel, la plus austère école de la vie, et le vrai Jugement dernier». Par mélancolie, par nonchalance, qui sont des formes de renoncement, mais aussi, je crois, par une sorte de mirage auquel il se serait finalement abandonné. La littérature, plutôt que de l'aider à appréhender le réel, à l'explorer et à le saisir, à s'y confronter surtout, y compris dans sa dimension imaginaire, l'en éloignait, à la façon d'une barque qui dérive en silence. Il vivait dans les livres comme d'autres dans des régions éthérées, dans un rêve sans fin, vibrant de lyrismes faciles et éclatants. «*Anywhere out of the world*» faisait partie de ses mantras. La littérature était son échappatoire plutôt que la porte d'entrée vers les profondeurs. Il savait parfaitement la soumission à la vérité sans fard que suppose l'écriture, cette recherche jusqu'à l'os évoquée dans son livre sur Michaux, mais à laquelle, lui, refusait de se plier. Par paresse, sans doute, mais aussi par peur. Sa position sociale, à laquelle il tenait et qu'il occupait, au fond, avec conviction, son rôle de père, qui le passionnait et l'absorbait beaucoup, justifiaient son existence et y suffisaient; ils lui tenaient lieu de socle et de viatique, devant lesquels l'enjeu de la littérature et ses exigences n'auront fait que reculer avec le temps. Il n'y a aucune morale à tirer de ce constat, ni de jugement à prononcer. Trop marginal pour être pleinement homme du monde, trop homme du monde pour se ranger du côté des artistes, mon père souffrait *et* jouissait de cette position intermédiaire consistant à n'appartenir pleinement à aucun milieu. L'absence de choix est aussi un choix.

L'initiation à la littérature que je dois à mon père est certainement le plus précieux héritage reçu de lui. Elle constituait l'essentiel de nos conversations, et la plupart des cadeaux qu'il me faisait, pour mon plus grand plaisir, étaient des livres. Tout en haut de son panthéon siégeaient les poètes et les surréalistes, Baudelaire, Apollinaire, Desnos, Perec, Artaud, Breton, Michaux. Ce qui ne l'empêchait pas de posséder à fond Rabelais, Montaigne, Saint-Simon, Sade, Nerval, Flaubert, Céline, Queneau, Ionesco, Guyotat – pour s'en tenir à la littérature française. Et Proust, bien sûr. Au rayon étranger, Borges, Beckett, Joyce, Burroughs, Pound, Cervantès, Dostoïevski, Faulkner, parmi tant d'autres. Des classiques et des hommes blancs, oui, dont le dénominateur commun était d'avoir imprimé un tournant dans la grande histoire de la modernité, pour laquelle il avait une science et un appétit singuliers. En une formule : il aura toujours préféré Jarry et Roussel à Balzac. Chaque année, je guettais, guidée sans vergogne par l'intérêt, la sortie de nouvelles éditions de la Pléiade, car je savais qu'il les achèterait et me donnerait ses anciens volumes. En 1987, il acquit bien sûr la nouvelle édition d'*À la recherche du temps perdu*, dirigée par Jean-Yves Tadié. J'avais vingt ans, et c'est donc dans la vieille édition de Pierre Clarac et André Ferré dont j'héritais que j'ai lu Proust pour la première fois.

Retourner à ces trois tomes bien fatigués, ce n'est pas seulement revenir à un souvenir matériel de lecture où flottent encore entre les pages les impressions ressenties il y a plus de trente ans. C'est retrouver intactes, avec beaucoup d'émotion, les annotations de mon père, comme si la conversation sur Proust que j'aimerais tant avoir avec lui aujourd'hui, vingt-cinq ans après sa mort, émergeait d'outre-tombe à travers les phrases soulignées, les paragraphes cochés et les quelques commentaires épars dont il gratifia les marges.

Il y a deux séries d'annotations. La première, au crayon, renvoie à un travail sur l'histoire de France à travers la littérature et sur Paris, destiné à France Culture. Sont cochés ou soulignés les passages concernant l'affaire Dreyfus, la Première Guerre mondiale, mais aussi certains lieux, comme le bois de Boulogne ou le Jardin d'acclimatation, et quelques hôtels particuliers que mon père connaissait, pour la plupart, de l'intérieur. La seconde, au Bic bleu, trace un portrait en creux de lui, qui a isolé des citations par ailleurs fort connues, mais où je le retrouve entier : « Notre personnalité sociale est une création de la pensée des autres » (*Du côté de chez Swann*) ; « ce qui est important chez l'homme ne peut arriver que malgré lui » (*Le Côté de Guermantes*) ; « Laissons les jolies femmes aux hommes sans imagination » (*Albertine disparue*) ; « Une œuvre où il y a des théories est comme un objet sur lequel on laisse la marque du prix » (*Le Temps retrouvé*).

Mon père s'attache surtout aux paradoxes relevés par le narrateur et à ses digressions sur la jalousie qui pousse les hommes supérieurs à aimer des femmes médiocres. Mais il proteste aussi parfois, avec fermeté. Je me souviens qu'en marge des « Hiboux », dans le volume de la Pléiade des œuvres de Baudelaire, il avait écrit au feutre (de mémoire) : « Puéril, banal, sans intérêt ». Lorsque Proust évoque, dans *La Fugitive* (*Albertine disparue*), le XIXe siècle, « dont les plus grands écrivains ont manqué leurs livres », il a droit à un point d'interrogation (tranchement justifié). Mais lorsque le narrateur parle de Wagner écrivant un opéra, puis un autre, puis encore un autre, pour s'apercevoir « tout à coup qu'il venait de faire une Tétralogie », un nouveau point d'interrogation agacé dans la marge est assorti de ce commentaire : « Faux. Toute grande œuvre est concertée. Proust le sait bien. »

Mon père avait une écriture difficile à déchiffrer. J'étais la seule dans la famille à y parvenir. À sa mort, en 1998, le notaire échoua à lire le testament manuscrit. J'ai dû m'en charger. Décrypter aujourd'hui ses pattes de mouche sur ses exemplaires de la *Recherche*, je m'en rends compte, prend à mes yeux l'allure d'une autre forme de lecture testamentaire.

C'est bien sûr à l'endroit de la construction d'une œuvre que l'inquiétude sourd le plus de ses annotations. Ainsi ce passage du *Temps retrouvé*, intégralement souligné, et que j'abrège :

Quant au livre intérieur de signes inconnus (de signes en relief, semblait-il, que mon attention, explorant mon inconscient, allait chercher, heurtait, contournait, comme un plongeur qui sonde), pour la lecture desquels personne ne pouvait m'aider d'aucune règle, cette lecture consistait en un acte de création où nul ne peut nous suppléer ni même collaborer avec nous. Aussi combien se détournent de l'écrire! Que de tâches n'assume-t-on pas pour éviter celle-là! […] Ce livre, le plus pénible de tous à déchiffrer, est aussi le seul que nous ait dicté la réalité, le seul dont l'« impression » ait été faite en nous par la réalité même. […] Le livre aux caractères figurés, non tracés par nous, est notre seul livre. […] Ce que nous n'avons pas eu à déchiffrer, à éclaircir par notre effort personnel, ce qui était clair avant nous, n'est pas à nous. Ne vient de nous-même que ce que nous tirons de l'obscurité qui est en nous et que ne connaissent pas les autres.

Ce fut la décision de mon père de ne pas s'aventurer sur ces chemins escarpés de l'obscurité intérieure. Pour autant, et parce que je ne peux pas m'empêcher de penser qu'il s'identifiait partiellement à Swann, l'idée d'être associé, même par contiguïté, en tant qu'homme du monde, à un modèle, le choquait. Dans un passage où le narrateur s'adresse mentalement à Swann mourant, Proust suggère que, bien que n'ayant rien produit, Swann restera peut-être dans les mémoires, « parce que celui que vous deviez considérer comme un petit imbécile a fait de vous le héros d'un de ses romans, qu'on recommence à parler de vous et que peut-être vous vivrez ». Or dans la marge, sursaut d'orgueil, mon père a marqué ce mot, qui me paraît insensé : « Impudence ». Le mot désuet et fier de quelqu'un qui se rebiffe et qui, comme dans une soudaine et naïve lutte de souveraineté inconsciente entre l'écrivain-auteur et l'aristocrate-modèle, n'entend pas, au prétexte d'avoir renoncé à la création, être ravalé au rang de spécimen de laboratoire littéraire.

Si *À la recherche du temps perdu* est bien l'histoire d'une vocation, c'est avant tout cette exploration du réel dans toutes ses dimensions qu'a magistralement analysée Anne Simon dans *Proust ou le réel retrouvé*. Mais, pour commencer, qu'est-ce que la réalité, mot qui revient 442 fois dans la *Recherche*, auquel il faut adjoindre les adjectifs « réel·les » (261), devant « vérité » (386), mais surtout la fée « imagination » (217) ?

En 1904, Proust écrit à son condisciple Fernand Gregh :

> *Te rappelles-tu ce qu'on nous disait de la Métaphysique d'Aristote ? Avant lui l'erreur des matérialistes croyant par l'analyse trouver la réalité dans la matière, l'erreur des platoniciens la cherchant en dehors de la matière dans des abstractions; Aristote comprenant qu'elle ne peut être dans une abstraction, qu'elle n'est pas pourtant la matière elle-même mais ce qui, en chaque chose individuelle, est en quelque sorte derrière la matière, le sens de sa forme et la loi de son développement.*

Ce qui va permettre à Proust d'appréhender ce mystère absolu et universel qu'on nomme le réel passe par la découverte de la mémoire involontaire, trouvaille inouïe qui autorise à « immobiliser » soudain, à la faveur d'une résurgence inattendue (le goût d'une madeleine dans une tasse de thé, un déséquilibre provoqué par l'inégalité des pavés, etc.), « un peu de temps à l'état pur ». Et à loger l'éternité dans l'immanence.

Dans son étude, Anne Simon formule la révolution proustienne en une équation limpide : « existence + imagination = réalité ». Car l'imaginaire, au même titre que le leurre, ou même l'erreur des sens, consubstantiels de l'expérience, appartient *de facto* au réel. Avec Proust, je comprenais qu'il n'y avait pas deux mondes, comme on avait voulu me le faire croire : d'un côté, la vie quotidienne, matérielle, laborieuse, réservée, en gros, dans la mythologie familiale, aux « gens », et, de l'autre, les jeux du langage, les spéculations verbales, où se croisaient dans un funeste strabisme la conversation et l'écriture, la mondanité et la littérature. Cette partition stéréotypée et profondément fausse, à laquelle de nombreux contemporains de Proust devaient souscrire, se transforme dans la *Recherche* en une exploration sous le signe du « constant échange », du « lien mouvant », de l'« attache » permanente, interactive, entre le sensoriel et le spirituel, le corps et l'esprit, afin de rendre l'expérience totale de notre relation au monde.

Parce que « le sujet ne peut se tourner vers son avenir que lorsqu'il a reconquis, de façon active et créatrice, son passé comme présent », j'ai fini par préférer au réel introuvable et comme escamoté de mon père, qui m'a enchantée de ses fictions, le réel retrouvé de Proust, dans cette quête d'un monde rassemblé où le corps existe au même titre que l'idée qui circule.

Proust à Los Angeles

Ma lecture de la *Recherche* m'a délivrée des faux-semblants attachés à l'aristocratie de mes origines, m'a instaurée en tant que sujet en dépliant le sens des mises en scène attachées à l'homosexualité et, plus que tout, m'a ouverte au réel. Elle m'a aussi instituée professeure. Car c'est Proust, bien sûr, que j'ai choisi pour mon premier séminaire à l'université de Californie à Los Angeles (UCLA), où je venais d'être engagée, bien décidée à initier une génération étudiante à l'intimidante « montagne » de la *Recherche*, mission joyeuse et beaucoup plus simple qu'on se l'imagine.

Quelques mois avant de m'installer en Californie, j'avais dû subir une série d'opérations dentaires assez lourdes à la Salpêtrière. Mon dentiste avait entrepris de m'expliquer le chantier envisagé en s'excusant d'entrée de jeu : « Il faut couper toutes vos racines. » Sa phrase, prise évidemment au sens figuré à l'heure où je m'apprêtais à quitter la France, me fit tant d'effet que je n'écoutai plus rien de la suite de ses explications. Mes racines, à vrai dire, étaient coupées depuis longtemps. Ma décision de partir ne faisait que confirmer une prise de distance avec mon histoire familiale actée une dizaine d'années auparavant. Los Angeles, ville dont je me suis éprise dans l'instant, facilita le reste. J'y arrivai avec une valise de vêtements et ma bibliothèque, qui comptait – faut-il le préciser ? – les œuvres complètes et les vingt et un volumes de la correspondance de Marcel Proust.

Les États-Unis comme lieu d'une (possible) réinvention de soi, ce n'est pas qu'un cliché. Là-bas, en tout cas, j'avais peu de chances d'être rappelée à mes origines sociales. Un jour, une philosophe des sciences croisée sur le campus me rapporta qu'elle venait de voir dans une exposition un tableau représentant Marat. Elle me demanda si j'avais un rapport avec lui. Je lui précisai que mon nom était Murat, avec un *u*, et je prononçai distinctement : « Miouratte ». « Ah, quel dommage…, me répondit-elle, un peu dépitée. À une lettre près, tu aurais pu avoir un nom célèbre ! » En lui confirmant combien elle avait raison, je pensai à Joachim Murat, jeune soldat de la Révolution, si fier de son homonymie relative avec Marat.

Peut-on imaginer un univers plus éloigné du monde proustien que la Californie ? Raymond Chandler a ironiquement donné l'image de cet écart dans *Le Grand Sommeil* à travers une scène entre le détective Philip Marlowe et l'envoûtante Vivian, en partie reprise dans le film éponyme de Howard Hawks avec Humphrey Bogart et Lauren Bacall, dont le scénario avait été écrit par Faulkner :

> *— Vous vous levez tout de même… […] Je commençais à me dire que vous travailliez peut-être au lit, comme Marcel Proust.*

— *Qui est-ce ? [...]*
— *Un écrivain français, un spécialiste en dégénérés. Vous ne pouvez pas le connaître.*
— *Tut... Tut... Venez dans mon boudoir.*

Aujourd'hui, que peuvent bien signifier les codes du faubourg Saint-Germain pour des jeunes qui passent leur temps sur les réseaux sociaux ? Et quelle est leur capacité d'absorption de la phrase proustienne lorsque tout se tranche en cent quarante caractères ? Questions en réalité sans objet. Enseigner la *Recherche* à Los Angeles ou en Chine, c'est, pareillement, éprouver l'universalité d'un texte qui fait s'effriter tous les particularismes culturels, d'âge, de classe. Depuis vingt ans, un groupe se retrouve régulièrement dans un café de Buenos Aires pour lire le même livre, indéfiniment : *En busca del tiempo perdido*. Ce *book club* d'un genre particulier a fait l'objet d'un documentaire, *Le Temps perdu* (2020), de María Álvarez. On y voit une dame élégante au regard vif déclarer : « Tout ce qui se passe dans ce roman, à un moment donné de ma vie, je l'ai ressenti. Tout. » Cette phrase, n'importe qui, dans le monde entier, peut la prononcer.

L'obstacle majeur à vaincre ne se situe pas dans le texte, mais en amont de sa lecture, dans l'intimidation à l'idée d'aborder une œuvre jugée trop longue, trop compliquée, trop commentée aussi. J'ai fait récemment un tour à la bibliothèque de UCLA et me suis promenée dans les rayonnages consacrés à Proust. J'ai pris une photo en m'arrêtant au hasard : *Proust et Cabourg*, *La Tentation de Marcel Proust*, « *Cette erreur qui est la vie »* : *Proust et la représentation*, *Charlus ou Aux sources de la scatologie et de l'obscénité de Proust*, *Proust et Nerval*, *Proust dixit ?*, *Proust à la recherche de Dostoïevski*, *Proust et Versailles*, *Proust à l'école*, *À son corps défendant. Construction d'un homosexuel nommé Marcel Proust*, *Lire, traduire, éditer Proust*, *L'Ironie proustienne*, *Gisements profonds d'un sol mental : Proust*, etc. Au milieu de cet inventaire à la Prévert figurait même : *Proust et la femme pétomane*. On comprend, à la lumière de cette tranche bibliographique arbitraire, ce dont la réputation de Proust bénéficie *et* souffre : la glose, une glose exponentielle, tous azimuts, à la fois réjouissante et accablante, et dont le plus grand risque (que j'augmente en ce moment même en ajoutant encore un titre à ce déluge) est d'éloigner le lectorat potentiel, par profusion, par abus.

Si bien qu'enseigner la *Recherche*, même auprès de doctorant·es qui ont *choisi* de se consacrer à la littérature française, passe par une étape clé : la désinhibition. Une ou deux séances entières (de trois heures) ne sont pas de trop pour rassurer, encourager, calmer, expliquer, introduire, et remiser aux oubliettes la honte de ne pas l'avoir encore lu ou la crainte de ne pas y parvenir et de passer pour imbécile. Aucun livre de langue française ne provoque autant de préventions et de défiances. Et pourtant, la poésie de Mallarmé ou *Bouvard et Pécuchet* sont infiniment plus difficiles. Proust, qu'on se le dise une fois pour toutes, n'est pas difficile. Et Proust ne fait pas *que* des phrases longues. Oui, on y trouvera, peut-être, des longueurs. Mais une fois entré dans la phrase, le lectorat sera très vite capable de naviguer à sa guise.

Savoir comment entrer dans la phrase revient à demander : comment entrer dans l'océan ? Mes baignades régulières dans le Pacifique, qui culmine généralement à 14 °C, m'ont convaincue d'adopter, plutôt que le plongeon autoritaire et catégorique, une progression par paliers (les cuisses, la taille, le cou, la tête), avec des pauses courtes, jusqu'à l'immersion totale. Entrer dans la *Recherche* ne nécessite pas tant d'efforts ni de grimaces, même si le premier volume n'est pas, à mon avis, forcément le plus invitant. En revanche, cela exige d'insister. Or chacun sait qu'après trois minutes montre en main dans l'eau fraîche, à force de nager, la sensation de froid disparaît entièrement au profit d'un courant revigorant qui vous permet de rester dans l'océan pendant des heures (à condition de bouger).

Faut-il commencer par le début ? Oui, bien sûr. Sauf que. J'ai entendu récemment à la radio une spécialiste qui, ne parvenant pas à entamer le voyage par « Combray » après plusieurs tentatives, avait finalement décidé de commencer par « Un amour de Swann ». Ce roman dans le roman inclus dans *Du côté de chez Swann* a fait courroie de transmission pour l'œuvre intégrale. Une amie professeure a enseigné la *Recherche* à l'envers, en commençant par *Le Temps retrouvé*. Pourquoi pas ? À vrai dire, qu'importent ces petits arrangements. L'essentiel est d'attraper le fil, et de dévider la bobine. Toute la bobine.

Très vite, j'ai identifié l'espace de la *Recherche* à la modernité et aux perspectives infinies de Los

Angeles, à ces flux autoroutiers dont on distingue la nuit, depuis le hublot de l'avion, les traînées lumineuses, en filaments continus, qui ressemblent aux coulées de lave d'un volcan. Ce livre qui ouvre et décloisonne, ce livre du monde sensible et des expériences sensorielles, je le retrouvais dans une ville où le corps n'est jamais entravé, toujours libre de se mouvoir plus loin, sur une ligne d'horizon que rien ne bloque. Il n'y a pas de centre à L.A., ville de la déconstruction par excellence, pas plus que dans la *Recherche*. S'y aventurer, c'est parcourir un texte qui n'a pas d'explication définitive, univoque et transcendantale, c'est explorer la longue chaîne des signifiants dont le sens n'en finit pas de proliférer.

Anatole France prétendait : « La vie est trop courte. Proust est trop long. » Ânerie intégrale, et fielleuse. J'ai toujours pensé l'inverse. La vie est trop longue et la *Recherche* trop courte. Le roman fait trois mille pages, soit cent trente heures de lecture en deux mois, selon de savants calculs. Impensable, *vraiment* ? Personne n'est obligé de lire Proust. Mais tout le monde perd à l'ignorer. On le lira à vingt ans, trente, quarante, soixante ans. Peu importe. Comme les rencontres amoureuses, la lecture de la *Recherche* attend son heure. Elle ne peut en aucun cas être forcée. C'est la lecture consentie par excellence. Et donc celle qui procure les plus grands plaisirs.

Tombeau pour un château

Le jour de la mort de mon grand-père, un orage a éclaté, un orage terrible, surgi au beau milieu de la nuit noire, que rien ne laissait prévoir. Je me souviens surtout du tonnerre, du déchirement dans le ciel qui s'ouvrait, suivi d'un roulement d'une ampleur inouïe dont les ondes, en frappant les toits et le chemin de ronde, se répercutaient et résonnaient en cascades dans la matière du château, puis s'évanouissaient dans un bruit de crécelle sourde, avant de reprendre de plus belle. Je posai ma main contre les murs de ma chambre comme, enfant, on met les doigts dans la prise : pour voir. Je n'aurais jamais soupçonné qu'une telle masse de pierres, qu'une telle forteresse pût ne serait-ce que frissonner sous le coup du déchaînement des éléments. Incrédule, j'accueillis dans ma paume bien à plat contre l'épaisseur du mur une vibration lointaine dont je sens encore aujourd'hui l'écho dans mon corps, à l'unisson des champs magnétiques.

Le château laissait entrer soudain le monde extérieur. Invaincu, invincible, c'était l'image que nous en avions, l'histoire qu'on s'était entendu répéter depuis l'enfance. Depuis l'époque de Richard Cœur de Lion, dont il avait été l'asile, le château s'était moqué des manœuvres politiques, avait bravé les catapultes, la poix, le feu, les boulets. Il avait traversé les siècles, impassible sur son éperon rocheux. Il avait reçu les rois et les ambassadeurs, défendu la couronne de France, fomenté des complots, brisé autant d'alliances qu'il en avait noué. Il n'avait pas prévu l'orage.

La pluie, drue, impitoyable, s'abattait avec fracas et une violence telle que le grenier prit l'eau. C'était un spectacle considérable que de voir cette charpente craquer sous l'agression de l'orage, cette charpente qui ressemblait à la coque renversée d'un bateau qui se noie et qu'on nous avait promis insubmersible. La pluie formait dans le toit des trous inégaux, si bien qu'elle s'introduisait dans le grenier de mille façons différentes et toutes affolantes. Le feu étouffe et oblige à fuir. L'eau sidère. Ses assauts continus et sa détermination têtue vous clouent sur place, dans le constat impuissant de l'augmentation du niveau. Les flaques se formaient au sol, les murs suintaient, ça coulait de partout, et se répandait sans frein. Des larmes venaient à nos yeux, comme s'il fallait ajouter du liquide à toute cette marée montante. Ce qu'on ne parvenait pas à croire, hallucinés et les bras ballants devant la scène de la catastrophe, c'était que le château pût être pénétré, infiltré. Assailli. On a mis un moment avant de pouvoir accéder au grenier. C'était mon grand-père, le mort, qui détenait la clé, qu'il cachait, une grande clé noire, en fer.

Ce soir-là, quelqu'un dit : le château pleure la

mort du vieux duc. Le lendemain, le fils aîné du vieux duc prononça la seule phrase mémorable de sa vie d'héritier, en lançant aux cuisines, dans le pays de Rabelais : « Monsieur le duc est mort. Tuez six cochons. »

On inhuma mon grand-père aux côtés de ma grand-mère, disparue deux mois plus tôt, dans la chapelle du XVe siècle élevée dans le parc, restaurée quelques années plus tôt. C'est une expérience étrange d'assister à l'enterrement de quelqu'un *sur ses terres*, qui boucle la boucle en parcourant un cycle immobile de l'alpha à l'oméga, du berceau au caveau. Qui porte le même nom que son château et son village, qui confond en lui le patronyme et le patrimoine, l'histoire et la géographie. « Monsieur le duc de Luynes, Château de Luynes, à Luynes », disait le libellé des enveloppes qui jonchaient son bureau. Je suis le duc, la terre et le fief, le domaine naturel et l'espace politique. Territoire, nom, origine, tout était collé. Depuis la nuit des temps jusqu'à celle du tombeau.

Que signifie être légitimes ? La terreur de ne pas l'être. C'est une panique sincère. Alors on se répète sans fin cette généalogie assommante « qui remonte aux Romains et en droite ligne de Charlemagne » (combien de fois ne l'ai-je pas entendue ?), on se récite les lettres patentes, on décline les blasons, les devises, les droits de ban, les duchés et pairies, on se répète à l'envi les faits d'armes, on s'enivre *ad nauseam* d'un nom à tiroirs composé de titres interminables qui s'étend comme une ombre sur la terre, en une litanie aux confins de la poésie : Philippe d'Albert, duc de Luynes, de Chevreuse, de Chaulnes et de Picquigny, prince de Neuchâtel et de Vallengin, marquis d'Albert, de Dangeau et de Cinq-Mars, comte de Tours et de Dunois, vicomte de Châteaudun, baron de La Haye, de Langeais, de Rochecorbon, de Saint-Michel-sur-Loire et de Semblançay. On se récite les mariages glorieux et les descendances princières, on réaffirme sans cesse la pureté d'une lignée invérifiable, que l'on sait pleine d'adultères, d'enfants cachés et d'arrangements avec les morts. L'effet d'endoctrinement est prodigieux. Avant de savoir lire, je savais que je descendais de Charles VII, de Colbert et de Napoléon, que mes ancêtres s'étaient distingués dans toute l'Europe, à la cour et sur le champ de bataille. Que nous avions fait la France. Et que j'en étais l'un des innombrables rejetons, même si j'étais une fille et que je comptais pour du beurre.

Le récit toujours recommencé d'une saga de propagande, où les noms propres claquaient comme des drapeaux (Rohan ! Montmorency ! Uzès !), n'était rien que du bruit comparé à l'impression ressentie une fois à l'intérieur du château. J'étais sur le toit du monde. Rien ni personne ne pouvait m'atteindre à l'intérieur de ces murs, où le sentiment de protection se mêlait à celui, tacite, de souveraineté. Le château m'enseignait que la domination est une sensation physique, une émotion silencieuse d'autant plus incarnée qu'elle n'est jamais interrogée. La position en surplomb de l'édifice, citadelle contrôlant la vallée, ne marquait pas seulement sa supériorité massive et incontestable. Elle mettait le monde à distance, et en réduisait l'échelle. Le village, dont le clocher pointait sa flèche à nos pieds, ressemblait à une maquette posée en contrebas, et les forêts avoisinantes à un ruban vert déployé au loin, comme si le paysage avait été un décor conçu pour être contemplé depuis les fenêtres du château.

Rectangle fortifié percé de meurtrières et flanqué de huit tours, le château ressemblait à une machine de guerre figée, capable de défendre toute la province. Mais à l'intérieur de la cour, ornée d'un jardin à la française aux parterres de buis ouvragés et d'un bassin où paressaient des poissons rouges, le décor changeait et le rideau se levait sur deux corps de logis intégrés à la bâtisse militaire: l'un du XVe siècle en briques avec des fenêtres à meneaux et une tourelle d'escalier octogonale qui lui donnait un air à la Walt Disney, l'autre du XVIIe en tuffeau blanc, d'une rigueur et d'une douceur toutes classiques, dessiné par un architecte au patronyme parfait, Le Muet. La forteresse médiévale constituait ainsi l'écrin d'une résidence amène, sans que l'une ne disparaisse jamais au profit de l'autre, dans un espace où l'on glissait sans s'en rendre compte des créneaux aux lambris, où l'art de vivre se fondait dans l'esprit de la guerre. Mon héritage se situe à ce lieu même, au point de jonction de la civilité et de la violence, du raffinement et de la brutalité.

On croit les châteaux forts austères. Celui-ci était solaire. Joyeux. Une lumière l'habitait. C'était à la fois la lumière de la vallée de la Loire, cette lumière qui monte de la terre, et une lumière intérieure, blonde, qui émanait des pierres. On ne pouvait pas être touché par le malheur dans cette clarté diffuse qui imprégnait chaque pièce, même par mauvais temps. Soleil de l'été, aubes tendres, miroir de la neige en hiver, tout irradie dans mon souvenir. Très tôt, j'ai pourtant senti que cette douceur et cette gaîté insouciante qui marquaient chacun de mes séjours se doublaient d'une ombre. Derrière le rêve authentique et radieux, nourri de rires d'enfants, de jeux et de repas de rois, comme une fête permanente, se profilait en filigrane un cauchemar, sous la forme d'un charnier. Je sentais les cadavres gémir sous mes pieds. Un jour, j'ai été prise de vertige lorsque, dans la salle de bains aménagée dans une tour du XIIIe siècle, je marchai sur le cadre d'une trappe qui ouvrait sur des oubliettes. J'entends encore le grincement, le jeu du bois sous ma semelle. Quelques centimètres d'épaisseur me séparaient du trou. Combien y avaient-ils été précipités ? Combien d'hommes et de femmes s'étaient-ils écrasés trente mètres plus bas, en représailles de leur désobéissance ou de leur infidélité ? La nuit, je tombais avec eux, je partageais leur déchéance et leurs cris de terreur au moment de basculer dans le vide, j'accompagnais leur chute jusqu'au sol, à l'instant où les os se brisent dans un bruit de froissement.

Tout lieu de pouvoir s'érige sur un cimetière. Descendre en droite ligne de brutes anoblies ne m'enorgueillissait pas. Je ne parvenais pas à oublier que le connétable de Luynes, grand fauconnier de France et capitaine des Tuileries, avait gagné son titre de duc en faisant assassiner Concini, favori de Marie de Médicis, dont l'influence gênait l'accession de Louis XIII au pouvoir. Le cadavre avait été profané, pendu par les pieds, puis dépecé et brûlé. Le recueil des charges au procès fait à la mémoire de Concini, maréchal d'Ancre, « au chef du crime de lèse-majesté divine », associe sa femme, Léonora Galigaï, qui sera jugée pour « juiverie » et exécutée en place de Grève. Leurs biens seront attribués à mon ancêtre, en remerciement de ses bons et loyaux services. Plus tard, ce sera Colbert, dont l'emblème était la couleuvre, qui orchestrera l'arrestation de Fouquet et prendra son poste au Conseil d'en haut, avec rang de ministre. « *Eo quo me jura vocant et regis gloria* » (« Je vais là où le devoir et la gloire du roi m'appellent »), disent les armoiries familiales.

Le château était pourvu à l'intérieur de tout le confort moderne (jusqu'à être doté d'un ascenseur), dans un décor daté des années 1950 et 1960, avec son lot de moquettes épaisses, de fauteuils beiges en velours frappé et de canapés rembourrés, de lampes chromées avec abat-jour à glands et d'énormes cendriers en verre de Baccarat. Mes grands-parents avaient l'épiderme sensible et un goût détestable. On était confortablement assis (et couchés), mais grands dieux que c'était moche. Même les bouquets de fleurs, dans des vases néo-Renaissance débordant de glaïeuls et de lupins bariolés, gênaient le regard. À l'époque, je trouvais cela splendide, bien sûr. Certaines pièces avaient été épargnées : la salle à manger en pierres apparentes, où étaient suspendues de gigantesques tapisseries d'Aubusson, le grand salon garni d'une cheminée monumentale et d'un mobilier Haute Époque, plus pittoresque que franchement laid, la bibliothèque, installée dans une petite tour dont les trois fenêtres donnaient sur la Loire jusqu'aux forêts de Saint-Étienne-de-Chigny, de Villandry et de Tours, la salle des gardes, avec ses armures en pied où dormaient des fantômes, ses hallebardes accrochées aux murs et ses trophées de chasse terrifiants pour des enfants – je me souviens des boules de Noël d'un rouge sang accrochées aux défenses de sangliers dont le regard fixe et la gueule entrouverte me disaient : « Je vais te dévorer. »

Dans les chambres, la tyrannie de la moquette reprenait ses droits. Certaines étaient dotées de lits à baldaquin. Je les adorais. Sous le ciel de lit, protégée par les rideaux tirés de la voilure, dans ma petite cabane à l'intérieur du grand château, j'étais doublement en sécurité. Les rideaux tirés de mon lit représentaient la dernière frontière entre moi et le monde, dans un château gigogne dont les clôtures du parc, les remparts de l'enceinte, le portail d'entrée aux ferrures menaçantes, les murs d'un mètre d'épaisseur, les portes en chêne aux serrures de fer forgé et munies de barres transversales, garantissaient au fur et à mesure l'indépendance et l'isolement, à l'image des cercles concentriques formés dans l'eau autour du caillou qu'on vient d'y jeter. Mais qu'avais-je donc à craindre pour ressentir à ce point le besoin d'être protégée ?

Je me suis souvent demandé ce qui fait l'essence

d'un château, sa nature, son être ; ce qui le singularise et le distingue. Ce qui fait qu'il n'est pas une maison, ni même un manoir. Le propre d'un château, c'est d'abord la distance qu'il instaure avec l'extérieur. Or, topographiquement, Luynes, dans toute sa hauteur, se détachait rigoureusement de l'environnement. Nous n'étions reliés à rien et n'avions besoin de personne. Nous n'avions pas de voisins, car pour être voisins il faut être comparables, et avoir quelque chose en commun. Nous n'avions rien en commun avec le monde extérieur. Rien du tout. Voilà ce qu'on n'a cessé de m'enseigner.

Ce qui définit le château, c'est l'autarcie. Les légumes du potager, qui s'étalait sur plusieurs hectares cultivés par le jardinier, M. Sauvage, assuraient notre subsistance ; viandes, volailles, lapins ou cochons provenaient de la ferme, et le gibier de la chasse, pratiquée par mon grand-père et mes oncles sur leurs terres. Les vins étaient issus de la région, l'eau-de-vie de prune, produite avec les fruits du verger, sortait d'un alambic local, en toute illégalité, ce qui en rehaussait le goût. Je me rappelle la petite étiquette blanche, avec « Prune » écrit dessus, au Bic bleu. Cette existence insouciante, où la nourriture tombait toute cuite dans l'assiette comme par miracle, reposait sur la force de travail des employés et des domestiques, cuisiniers, maîtres d'hôtel et femmes de chambre, dont on répète par habitude qu'ils font partie de la famille, bien qu'on connaisse rarement leur patronyme et que je n'aie jamais vu aucun membre de ma famille cirer des chaussures.

On ne saisit le sens d'un château que si l'on comprend son mode de fonctionnement, en circuit fermé, à huis clos, et sa puissance de métaphore. Dans le parc, passé la roseraie et la chapelle, devant le cèdre du Liban sous lequel mes parents avaient été photographiés le jour de leur mariage, il y avait un bac à sable, où j'ai passé un nombre d'heures incalculable. Le bac à sable agissait sur moi comme plus tard le laboratoire photographique où je développais mes clichés d'adolescente. Dans le quadrilatère où je refaisais le monde, j'expérimentais l'abolition du temps. Toute mon enfance, j'ai renversé des seaux de sable humidifié pour modeler huit tours, liées par des remparts dont je lissais amoureusement les contours, en les perçant de meurtrières délicates, à l'aide d'un petit bâton. Mon château de sable s'élevait sur un promontoire dont j'avais consolidé les fondations et creusé les douves, il dominait le bac désert d'où naissait en contrebas un village abstrait. Certaines de ses tours étaient coiffées d'un toit pointu, d'autres pas, le pont-levis avait disparu au profit d'un pont dormant. Au milieu de l'enceinte, j'avais aménagé un bassin et des jardins à la française, avec des toutes petites branches de buis cueillies dans les parterres alentour. Il aurait suffi que je tourne la tête d'un quart de tour pour vérifier si la maquette ressemblait à l'original, qui se découpait dans le ciel, écrasant le paysage. Je ne crois pas l'avoir jamais fait. Le château est un rêve intérieur, que l'on répète sans fin, sans même y penser. Une chimère tautologique. On ne s'en lasse jamais. Regardez les châteaux de sable sur les plages en été. Ils se ressemblent tous. C'est Luynes. L'exception et le multiple conjugués, la pièce unique et le lieu commun, la caricature, l'idée même de château.

Il n'y avait pas que dans le bac à sable que le château répétait son image. Sur les murs, dans les antichambres et les couloirs de Luynes, des gravures reproduisaient Luynes, sous toutes ses façades, Luynes encore, en noir et blanc ou en couleurs, Luynes toujours entre des baguettes dorées, tandis que les tableaux représentaient nos ancêtres : le connétable, grand fauconnier du roi, avec sa fraise et ses moustaches frisées ; son fils, filleul de Louis XIII, ami de Racine et traducteur des *Méditations métaphysiques* de Descartes ; la comtesse de Verrue, grande collectionneuse dont le nom provoquait une grimace involontaire sur nos visages ; la duchesse de Chevreuse, l'héroïne de la Fronde, née pour l'intrigue et le complot, avec son regard oblique ; Honoré, surnommé « le savant », qui finança le désensablement du Sphinx, contribua aux progrès de la photographie, laissa son nom à une salle du cabinet des médailles de la Bibliothèque nationale et qui, nous assurait-on, « parlait sept langues mortes ».

Captif d'un jeu de miroirs, le château reproduit l'obsession de la légitimité généalogique, et son bégaiement maladif. Il n'y a de châteaux que le château, il n'y a de familles que la nôtre. Plus qu'un monde, c'était l'univers ramené aux dimensions d'une forteresse, au-delà de laquelle rien n'existait vraiment.

Nous étions enfermés dans son orbe comme les aïeux dans le cadre de leurs tableaux. Il n'y avait pas de hors-champ.

Ceci tuera cela

Depuis la mort de mes grands-parents, à l'été 1993, je ne suis jamais retournée à Luynes. Je ne parviens pas à me souvenir de l'année exacte de ma première lecture de la *Recherche*, mais je crois qu'elle précède de peu ou coïncide plus ou moins avec cette époque. Le détail chronologique a peu d'importance en regard du nœud qui s'est formé à cette période-là dans mon esprit, entre un événement littéraire déterminant et un deuil qui ne l'était pas moins. Un nœud très inconscient ou, disons, une opération spontanée, involontaire, lente, silencieuse, profonde, amenée à s'enraciner et à croître au fil des années. Avec le recul, je l'appellerais une *commutation d'espaces*.

Dans un chapitre célèbre de *Notre-Dame de Paris*, Victor Hugo déclare : « Ceci tuera cela. Le livre tuera l'édifice. » Les cathédrales, dont le programme iconographique, des sculptures aux vitraux, tenait lieu de récit unique pour un public qui ne savait pas lire, allaient peu à peu s'effacer devant l'invention de l'imprimerie par Gutenberg et la diffusion formidable du livre. « Cela signifiait qu'une puissance allait succéder à une autre puissance. Cela voulait dire : la presse tuera l'église. [...] L'imprimerie tuera l'architecture. » Et Hugo de suggérer entre les lignes : la littérature remplacera la Bible, la pensée se substituera à la doctrine, l'esprit triomphera du dogme.

Cette métaphore, je veux la prendre à la lettre : *À la recherche du temps perdu*, c'est-à-dire l'espace enchanté, multiple et infini du roman, s'est subrogé au château merveilleux, mais clos, univoque, et replié sur lui-même, de mon enfance. La mobilité vivante et toujours recommencée d'une œuvre qui, en m'ouvrant les yeux sur le monde, me le rendait soudain habitable, m'a convaincue d'un paradoxe qui n'est qu'apparent : la solidité vient de la fluidité, du mouvement, de la pensée en action, de la prolifération du sens, et non de la stabilité, notion illusoire, prise dans l'étau de la permanence et d'une fixité mortifère. Coïncidence ou hasard objectif, l'espace immatériel et sans limites du livre s'est ouvert lorsque le portail à doubles vantaux du château fort s'est refermé comme le couvercle d'un tombeau.

Ce qui vaut pour Proust s'applique, bien sûr, à la littérature en général et à sa capacité à lever un coin du grand voile, à percer de nouvelles perspectives, à désenclaver, à désancrer nos habitudes et jusqu'à nos plus profondes convictions. Mais l'impact qu'a eu sur moi *À la recherche du temps perdu*, en dehors des raisons déjà exposées dans les précédents chapitres, tient à ceci que l'œuvre de Proust se place tout entière sous le signe libératoire du flux – flux du temps qui s'écoule, bien sûr, et d'une continuelle transformation des êtres et des choses –, quand j'ai été élevée dans un milieu dont l'idéologie conservatrice sacralisait l'immuabilité et vitupérait le changement. Ainsi peut-on lire dans *Du côté de chez Swann* cette phrase souvent citée : « Peut-être l'immobilité des choses autour de nous leur est-elle imposée par notre certitude que ce sont elles et non pas d'autres, par l'immobilité de notre pensée en face d'elles. » Ou, dans *Albertine disparue* : « Notre moi est fait de la superposition de nos états successifs. Mais cette superposition n'est pas immuable comme la stratification d'une montagne. Perpétuellement des soulèvements font affleurer à la surface des couches anciennes. » Page après page, la *Recherche* agissait comme une prise de conscience émancipatrice. Cette esthétique de la mobilité, destinée à découvrir le moi des profondeurs, est au fondement de l'analyse proustienne de « cette âme humaine dont une des lois, fortifiée par les afflux inopinés de souvenirs différents, est l'intermittence ». Contre l'histoire étale et monolithique, contre l'univocité des raisonnements, Proust proposait une géologie vivante de la tectonique des plaques et des élans telluriques. À l'opposé d'une psychologie poussiéreuse qui avait les raideurs d'un traité de castellologie, il érigeait la volatilité de la mémoire en *fortification*.

Que Proust ait d'abord songé à donner pour titre à son roman *Les Intermittences du cœur* dit assez combien l'écrivain tenait à cette idée centrale de discontinuité, d'instabilité, de fluctuation – du moi, mais aussi des opinions, des critères, des convictions d'une société. Elle se matérialise dès les premières pages dans le symbole de la « lanterne magique », qui, en substituant « à l'opacité des murs d'impalpables irisations, de surnaturelles apparitions multicolores, où des légendes étaient dépeintes comme dans un vitrail vacillant et momentané», parvient à distraire l'enfant quand sa chambre, à l'heure honnie du coucher, redevient «le point fixe et douloureux de [s]es préoccupations». Elle s'approfondit avec la métaphore de «ce jeu où les Japonais s'amusent à tremper dans un bol de porcelaine rempli d'eau, de petits morceaux de papier jusque-là indistincts qui, à peine y sont-ils plongés s'étirent, se contournent, se colorent, se différencient, deviennent des fleurs, des maisons, des personnages consistants et reconnaissables». Elle se poursuit avec l'objet proustien par excellence, le kaléidoscope, qui, pareil à la société qui change d'opinion, «place successivement de façon différente des éléments qu'on avait crus immuables et compose une autre figure», en renversant «une fois de plus ses petits losanges colorés». Elle s'incarne surtout dans le personnage diffracté, innombrable, d'Albertine la fugitive, inaccessible et impréhensible «grande déesse du Temps», une Albertine orpheline, sans foyer, sans histoire ni amarres, qui révélera au narrateur les vertus étrangement apaisantes de la variation et du morcellement :

Mais ce fut surtout ce fractionnement d'Albertine en de nombreuses parts, en de nombreuses Albertine, qui était son seul mode d'existence en moi. Des moments revinrent où elle n'avait été que bonne, ou intelligente, ou sérieuse, ou même aimant plus que tout les sports. Et ce fractionnement, n'était-il pas au fond juste qu'il me calmât ? Car s'il n'était pas en lui quelque chose

> *de réel, s'il tenait à la forme successive des heures où elle m'était apparue, forme qui restait celle de ma mémoire, comme la courbure des projections de ma lanterne magique tenait à la courbure des verres colorés, ne représentait-il pas à sa manière une vérité bien objective celle-là, que chacun de nous n'est pas un, mais contient de nombreuses personnes qui n'ont pas toutes la même valeur morale [...].*

C'est cet être pluriel, mystérieux, que Proust a constitué pour la première fois en sujet universel. En abolissant la supposée différence de nature entre citoyen universel et sujet minoritaire, entre le prétendu ordre hétérosexuel et le prétendu désordre homosexuel, en découvrant que le côté de chez Swann touche le côté de Guermantes, l'écrivain, bouclant la plus improbable des boucles, procède à une double opération : il replace la marge éparpillée au centre et, partant, décentre la norme censément univoque. Seule l'appréhension de figures successives détermine une connaissance objective. Seule la pluralité véritable, avec ce qu'elle compte de sauvagerie et d'inconnaissable, fonde l'universel.

Cette conviction est aussi la colonne vertébrale et le ciment d'une œuvre qui, par l'art de la transposition, a entrepris d'extraire l'essence de toute chose à partir d'un éloge de la multiplicité et de la disparité des êtres, des objets, des émotions :

> *D'ailleurs, comme les individualités (humaines ou non) sont dans un livre faites d'impressions*

> *nombreuses qui, prises de bien des jeunes filles, de bien des églises, de bien des sonates, servent à faire une seule sonate, une seule église, une seule jeune fille, ne ferais-je pas mon livre de la façon que Françoise faisait ce bœuf mode, apprécié par M. de Norpois, et dont tant de morceaux de viande ajoutés et choisis enrichissaient la gelée ?*

Le pouvoir de Proust à convoquer l'univers dans une tasse de thé ou à le faire sortir de la gelée d'un bœuf mode est le même que celui de la nature dans sa diversité infinie des espèces et des plantes. La description des nymphéas sur les étangs de la Vivonne donne un éloquent exemple de la puissance de l'écrivain, capable de renverser la terre et le ciel d'un coup de plume, lorsqu'il évoque :

> *[...] l'obliquité transparente de ce parterre d'eau ; de ce parterre céleste aussi : car il donnait aux fleurs un sol d'une couleur plus précieuse, plus émouvante que la couleur des fleurs elles-mêmes ; et soit que pendant l'après-midi il fît étinceler sous les nymphéas le kaléidoscope d'un bonheur attentif, silencieux et mobile, ou qu'il s'emplît vers le soir, comme quelque port lointain, du rose et de la rêverie du couchant, changeant sans cesse pour rester toujours en accord, autour des corolles de teintes plus fixes, avec ce qu'il y a de plus profond, de plus fugitif, de plus mystérieux – avec ce qu'il y a d'infini – dans l'heure, il semblait les avoir fait fleurir en plein ciel.*

Tel était l'espace – et telle sa poétique – que m'offrait Proust en un seul livre : une réflexion en perpétuel progrès aux antipodes des ressassements généalogiques, l'assurance de ma réintégration dans l'humanité en lieu et place d'une exclusion familiale, un paysage où évoluer sans cesse au contraire du séjour immobile dans le château éternel. Je passais d'une lecture verticale du monde, monolithique, hiérarchisée, autoritaire, héritée de l'Ancien Régime et du XIXe siècle, à une lecture oblique, plurielle, globale et en trois dimensions de l'univers. De la claustration à l'ouverture. Du passé à l'avenir.

Ce prodige de faire « tourner des mondes », de montrer l'envers de la tapisserie, de nous guider dans sa trame et ses fils multicolores, Marcel Proust l'a accompli depuis sa chambre aux murs recouverts de liège, allongé, écrivant dans les positions les plus inconfortables, se nourrissant de croissants et de café au lait, dans un confinement (relatif) de plus de dix ans. Comment ne pas penser, ici, à Emily Dickinson, à sa vie consacrée à la poésie, recluse dans une maison jaune et cossue de la bourgade d'Amherst (3 000 habitants), devenue le paratonnerre de tout l'univers ? Un jour, Emily Dickinson invita sa nièce de huit ans à entrer dans sa chambre. Elle referma la porte derrière elle, sortit une clé imaginaire de sa poche, fit mine de l'insérer dans la serrure pour la verrouiller à double tour. Puis elle se retourna et dit à l'enfant, en montrant la clé fantôme qu'elle tenait entre le pouce et l'index : « *This is freedom.* »

L'ironie du sort veut que Proust, reclus volontaire dans sa forteresse de liberté, ait précisément accompli ce miracle auprès de la lectrice que je suis devenue avec le temps : m'assurer le chemin pour enjamber les douves de mon château fantasmagorique et sortir du confort trompeur de l'enceinte infertile. Dès lors, et pour reprendre les mots oraculaires de Victor Hugo, au « livre de pierre, si solide et si durable », a succédé le « livre de papier, plus solide et plus durable encore ». Je pouvais désormais laisser derrière moi « l'aristocratie en sa construction lourde, percée de rares fenêtres, laissant entrer peu de jour, montrant le même manque d'envolée, mais aussi la même puissance massive et aveuglée que l'architecture romane, [qui] enferme toute l'histoire, l'emmure, la renfrogne ».

L'espace imaginaire ouvert par Proust n'a pas de propriétaires, il n'est juché sur aucun promontoire, aucune muraille n'en défend l'entrée. Il est comme l'univers : en perpétuelle expansion. Cela n'en fait pas moins un point de repère à l'horizon de mes bibliothèques, un lieu permanent qui cependant se transforme au gré de mes relectures. Ce roman total me suit partout depuis trente ans.

À la recherche du temps perdu
ou la consolation

À chaque lecture, Proust a modifié ma compréhension du monde. Par les circonvolutions envoûtantes de ses phrases, ce «Nil du langage, qui y féconde les vastes espaces de la vérité», il m'a sortie de l'ignorance et de la confusion. Sa précision, sa lucidité, sa tendresse, sa grandeur comique m'ont épargné des années de mécompréhensions et d'atermoiements stériles. C'est pourquoi il m'a, chaque fois, consolée. Or la consolation recèle une puissance libératrice. C'est une force d'émancipation.

Par consolation, je n'entends pas – ou pas seulement – ce réconfort qui viendrait en compensation d'un malheur. Mieux qu'une atténuation ou un adoucissement de quelque disgrâce, comme on dit des lots de consolation censés alléger la déception des perdants, la *Recherche* représentera à jamais pour moi la lumière surgie un beau jour au fond du tunnel : un sujet de joie et de connaissance, que le temps ne parvient pas à démonétiser. Au contraire. Chaque lecture en ravive la force magnétique, l'œuvre de Proust appartenant à ces livres dont Flaubert, évoquant les romans de Rabelais et de Cervantès, disait qu'ils « grandissent à mesure qu'on les contemple, comme les Pyramides ».

Associée à la satisfaction procurée par une contrepartie, la consolation se voudrait *a priori* du côté de la réparation nostalgique, de l'abri et du refuge. Je l'envisage plutôt comme une substance active, l'embryon d'une énergie prospective et féconde, car c'est bien au bout du tunnel que point le commencement – « *The end is where we start from* », dit T. S. Eliot dans « Little Gidding ». Et ce n'est pas un hasard si Proust, mieux qu'aucun autre écrivain, a si souvent incarné à la fois une bouée et un phare dans la tragédie, à travers un livre où il n'est jamais question de Dieu. Qu'il suffise de citer *Proust contre la déchéance*, de Joseph Czapski, série de conférences au camp de Griazowietz ayant contribué à sauver des officiers polonais du désespoir lors de leur internement dans ce camp soviétique en 1940-1941, ou Varlam Chalamov, qui, dans les terribles *Récits de la Kolyma*, comprend à la suite du vol d'un volume de la *Recherche* laissé sur un banc : « Proust avait plus de valeur que le sommeil. » La lecture de Proust n'a rien perdu de sa puissance réparatrice à notre époque, comme en témoigne Philippe Lançon, qui raconte dans *Le Lambeau* avoir lu le passage de la mort de la grand-mère avant chaque descente au bloc pour des opérations destinées à reconstruire sa mâchoire après l'attentat contre *Charlie Hebdo* en 2015. La chape de plomb imposée à partir de 2020 par la pandémie de Covid-19 n'a fait que confirmer l'extraordinaire faculté de l'art à remettre en circulation les électrons libres de l'imaginaire et à réenchanter un monde où le deuil et le confinement nous plongent dans l'abattement et l'apathie. Lire, relire Proust est une incitation permanente à survivre, et à vivre. Car les découvertes de Proust sur le Temps, affranchi de la chronologie au profit d'une temporalité inhérente au sujet, ont pour effet de conjurer la mort. La mémoire involontaire lui a prouvé d'une part que les choses, loin de mourir, étaient *en nous*, prêtes à ressusciter à tout instant, d'autre part que la littérature, capable de les restituer dans la durée étale et subjective, était la « vraie vie ».

Proust emploie remarquablement peu le mot de « consolation » dans les trois mille pages de son grand œuvre. Sans doute faut-il s'en remettre ici à l'explication de Jacques Rivière, dans un remarquable article d'hommage de *La NRF*, dont l'extrait suivant, souvent cité, est systématiquement tronqué ou mal reproduit :

> *Proust me paraît procéder à l'un de ces grands renoncements intellectuels dont Auguste Comte a montré qu'ils étaient à la base de toute découverte féconde, de tout grand départ scientifique. Dans le règne des sentiments, que les psychologues de métier n'ont jamais disposé que d'instruments trop grossiers pour observer et que les romanciers ont pillé et utilisé plus qu'ils ne l'ont exploré, Proust introduit tout à coup, comme une sonde décisive, son manque total d'esprit métaphysique, d'ambition constructive et*

d'aptitude à la consolation. Il s'ensuit une débandade d'atomes, la décomposition de tout ce qu'on avait cru voir, mais aussi de petites agrégations de détail qui seront plus dures que l'airain.

Parce qu'il renonce à toutes les explications bâclées ou toutes faites, Proust en effet renonce aux grands systèmes traditionnels, comme il répugne à *réconforter* ses lecteurs. La « débandade d'atomes » qui s'ensuit est le résultat d'une décision de regarder le monde pour la première fois, dans une savante ingénuité, et d'observer sa recomposition d'un œil neuf ou plutôt faussement naïf. Car Proust, tout en s'en déprenant, a, en réalité, une haute idée de la métaphysique, de la construction et de la consolation. Ce dernier terme mérite qu'on s'y attarde.

Parce qu'il ne peut pas en être rassasié, le petit Marcel se sait à jamais condamné au désespoir d'être privé de ce baiser du soir qui ouvre le roman. Ce chagrin inaugural sonne comme un avertissement. Nous sommes tous et toutes inconsolables, à commencer par le narrateur qui admet, adulte, malgré l'instabilité du « moi », demeurer « toujours le même, n'ayant pas grandi depuis Combray, depuis ma première arrivée à Balbec, pleurant, sans pouvoir être consolé, sur le coin d'une malle défaite ». Ce constat, pour tragique qu'il soit, est d'emblée posé non pas comme l'objet d'une plainte complaisante, mais comme le noyau d'une *recherche*. Et c'est là, précisément, que tout se noue : la transformation d'un malheur sans nom en un roman exploratoire, où chaque fluctuation de l'âme sera nommée, pensée, sentie, décrite, exorcisée. La conversion d'une catastrophe en une œuvre d'art.

À la mort de sa mère, Proust écrit à Montesquiou : « Ma vie a perdu son seul but, sa seule douceur, son seul amour, sa seule consolation. » Jeanne Weil a bien sûr été son grand amour, et la seule personne à détenir le pouvoir de consoler et calmer l'inextinguible angoisse de celui qui répondait à la question « Quel serait votre plus grand malheur ? » par : « Être séparé de maman. » George Painter, dans sa biographie, a eu ce mot fameux : « Le 26 septembre [1905] Mme Proust mourut, et soudain le Temps fut perdu. » Il ne restait plus à Proust qu'à se mettre à la tâche, ce qu'il fit jusqu'à sa mort. En mettant le mot « Fin » au bas du dernier feuillet d'*À la recherche du temps perdu*, il savait qu'il pouvait mourir, car il avait, lui, enfin, consolé sa mère disparue, si inquiète que son « petit serin » n'accomplisse pas l'œuvre à laquelle elle le savait secrètement promis.

Proust se doutait-il seulement qu'en échafaudant son roman il inventait un secours plus puissant que la tendresse d'une mère absente ? Que son œuvre, en proposant un exercice continu de dessillement, y compris en soi-même, livrerait une grille de compréhension et de déchiffrement du monde à la fois souveraine et dynamique, subtile et pénétrante, pour des millions de gens dans le monde ? Que tout un chacun sortirait étonnamment augmenté de cette lecture, tant il est vrai qu'une « erreur dissipée nous donne un sens de plus » ? Proust n'endort pas nos douleurs dans les volutes de sa prose, il excite sans cesse notre désir de savoir, cette *libido sciendi* qui, en séparant l'enfant de sa mère, nous affranchit plus sûrement du malheur que tous les mots de la compassion.

À ce titre, il ne serait pas exagéré de dire que Proust m'a sauvée.

Notes

Sauf mention contraire, tous les livres cités ont été publiés à Paris.

Toutes les références d'*À la recherche du temps perdu* renvoient à l'édition suivante : Marcel Proust, *À la recherche du temps perdu*, édition établie sous la direction de Jean-Yves Tadié, 4 vol., Gallimard, « Bibliothèque de la Pléiade », 1987-1989, abrégée par la suite en *RTP*.

De même, toutes les références aux lettres de Proust renvoient à : *Correspondance de Marcel Proust*, texte établi, présenté et annoté par Philip Kolb, 21 vol., Plon, 1970-1993, abrégée par la suite en *Correspondance*.

Le syndrome d'Obélix

15 « Cette gloire… à quoi tient-elle ? » : Jean-Yves Tadié, *Marcel Proust. Croquis d'une épopée*, Gallimard, 2019, p. 361.
15 « Ce roman qui n'arrête pas de penser » : *Ibid.*, p. 370.
16 « J'ai forgé… proustige » : Nicolas Ragonneau, *Proustonomics. Cent ans avec Marcel Proust*, Le Temps qu'il fait, 2021, p. 290.

Rien, qui danse sur du vide

19 «Glissez, mortels, n'appuyez pas»: «Sur un mince cristal l'hyver conduit leurs pas / Le précipice est sous la glace. / Telle est de nos plaisirs la légère surface / Glissez, Mortels, n'appuyez pas», est un quatrain de Pierre-Charles Roy, poète du XVIIe siècle, qui a servi de légende à une gravure représentant des patineurs, d'après un tableau de Nicolas Lancret. La grand-mère de Sartre avait fait de «Glissez, mortels, n'appuyez pas» sa devise. Jean-Paul Sartre, *Les Mots* [1964], Gallimard, «Folio», 1974, p. 213.

20 «Seuls les fusils ont des âmes»: Albert Camus, «Le Renégat (ou Un esprit confus)», *L'Exil et le Royaume. Théâtre, récits, nouvelles*, Gallimard, «Bibliothèque de la Pléiade», 1962, p. 1586.

21 «Ces formes… l'immoralité»: Adèle d'Osmond, comtesse de Boigne, *Mémoires*, I, *Du règne de Louis XVI à 1820*, Mercure de France, «Le Temps retrouvé», 1971, p. 142, cité par Marjolaine Morin, *Grandeur et décadence de l'aristocratie chez Marcel Proust*, Le Cellier, Éditions Orion, p. 73.

21 «Par atavisme… rigoureux»: *RTP*, II, *Le Côté de Guermantes*, p. 547.

22 «La beauté absolue… atmosphère enchantée»: Lettre à Anna de Noailles, 13 ou 14 juin 1904, *Correspondance*, IV, p. 156. Il n'est pas anodin que Proust adresse ce compliment, référence au roman *Le Visage émerveillé*, à la comtesse Mathieu de Noailles, née princesse de Brancovan.

23 «Les navires… le Bucentaure»: *RTP*, II, *À l'ombre des jeunes filles en fleurs*, p. 252.

Fiction des origines

26 Sur la persistance du modèle aristocratique: Alice Bravard, *Le Grand Monde parisien. La persistance du modèle aristocratique (1900-1939)*, Rennes, Presses universitaires de Rennes, 2013.

27	«Génie aristocratique»: L'expression est de Jean Renoir. Voir Frédéric Levéziel, «Le génie aristocratique du capitaine de Boeldieu dans *La Grande Illusion*», *The French Review*, vol. 89, n° 2, décembre 2015, p. 81-97.
28	«À la fois familiale et populaire»: *La Nouvelle République du Centre-Ouest*, juin 1960, p. 1.
28	«L'héritier… "Petit Caporal"»: *Noir et Blanc*, 10 juin 1960, p. 395.
29	«Le seul roturier est Louis Malle»: Michel Brodsky, «Zazie assiste au mariage de "Napo"», *Point de vue-Images du monde*, n° 626, 10 juin 1960, p. 10-12.
29	Sur l'écart entre les deux noblesses: *RTP*, II, *Le Côté de Guermantes*, p. 428-429.
30	«La Révolution… Ajaccio!»: Marcel Proust, *Essais*, Gallimard, «Bibliothèque de la Pléiade», 2022, p. 212.
32	«Je hais la guerre parce que ça se passe à la campagne»: Condensé de cet extrait du *Voyage au bout de la nuit* (Denoël, 1932) de Louis-Ferdinand Céline: «Moi d'abord la campagne, faut que je le dise tout de suite, j'ai jamais pu la sentir, je l'ai toujours trouvée triste, avec ses bourbiers qui n'en finissent pas, ses maisons où les gens n'y sont jamais et ses chemins qui ne vont nulle part. Mais quand on y ajoute la guerre en plus, c'est à pas y tenir.»
32	«J'avais assez… électriciens»: *RTP*, IV, *Le Temps retrouvé*, p. 467.
32	«Ce sont… valets de chambre»: *RTP*, II, *Le Côté de Guermantes*, p. 583.
33	«Au moment… de cartes d'invitations»: *RTP*, II, *Le Côté de Guermantes*, p. 768.

Les voix impénétrables du passé

43	Sur la petite-fille de George Sand, Aurore Sand: Voir l'extraordinaire document de l'INA, daté du 8 août 1961, un mois avant la mort d'Aurore Sand: https://www.ina.fr/ina-eclaire-actu/video/caf97037747/petite-fille-de-george-sand.
44	Sur le passage supposé de Proust dans le film du mariage du duc de Guiche: Jean-Pierre Sirois-Trahan, «Un spectre

passa... Marcel Proust retrouvé », *Revue d'études proustiennes*, n° 4, 2016-2, p. 19-30. Cette « découverte » par un chercheur canadien figurait déjà dans la biographie de Laure Hillerin, *La Comtesse Greffulhe. L'ombre des Guermantes* (Flammarion, 2014), mais était passée inaperçue. Le film est disponible sur YouTube : https://www.youtube.com/watch?v=51COHIgjbYU.

44 « Sa parole... se perdît » : Jacques Rivière, « Proust. Détails biographiques », in *Quelques progrès dans l'étude du cœur humain, Cahiers Marcel Proust*, n° 13, Gallimard, 1985, p. 32.

45 « Très chantante... autoritaire » : L'entretien avec Paul Morand, conduit par Roger Stéphane, fait partie du film de Gérard Herzog, *Portrait souvenir : Marcel Proust*, INA, 1962. L'extrait cité est consultable ici : https://www.youtube.com/watch?v=wPhyov3zl5I.

« Ce petit journaliste que je mettais en bout de table... »

46 « Votre nom... mais pas de pensée. » : Lettre à Bertrand de Fénelon, été 1904, *Correspondance*, IV, p. 198. Proust replacera l'anecdote dans la *Recherche*, voir *RTP*, II, *Le Côté de Guermantes*, p. 838.

47 Sur la visite du président Wilson : « President to Occupy Murat Home in Paris », *New York Times*, 25 novembre 1918, p. 2.

48 « La parole d'une Ney devrait vous suffire » : Cité par Éveline Schlumberger, « La visite que la princesse Murat n'attendait pas », *Connaissance des Arts*, n° 108, février 1961, p. 42.

49 « Permis de circuler en automobile » : Archives nationales, Fonds Murat, 31AP/71.

50 Photographie de Luzarche d'Azay : Cette photographie est reproduite dans le seul livre publié par Roger Luzarche d'Azay, *Voyage sur le Haut Nil, du Caire au Congo belge* (s. e., Paris, 1904), récit de chasse en Égypte et au Soudan, qui ne manque jamais de faire l'éloge de la colonisation anglaise.

51	Reportage télévisé à l'hôtel Murat : *Vie privée du monde : l'hôtel Murat*, une chronique de Jean Masson, avec Paul Guimard : https://www.youtube.com/watch?v=CBEfPStWNFw. L'hôtel sera démoli en 1961 et deviendra le siège d'EDF, lequel, racheté par Unibail, a été entièrement reconstruit en 2006. Sur l'hôtel Murat, on consultera également le dernier reportage effectué dans les lieux : Éveline Schlumberger, « La visite que la princesse Murat n'attendait pas », art. cité, p. 38-48.
52	Sur Reynaldo Hahn à l'hôtel Murat : *Le Figaro* du 26 juin 1901 annonce ainsi en page 2 la tenue le 28 juin d'une « soirée musicale chez la princesse Murat, pour l'audition d'œuvres de M. Raynaldo [*sic*] Hahn, chantées par des femmes du monde ».
54	« Tyran acerbe et misogyne » : Sur la violence des conflits entre mon arrière-grand-mère et Joseph, on se reportera au témoignage de Cécile Gutzwiller, *28, rue de Monceau. Hôtel Murat*, Éditions Desgrandschamps, 2017. L'autrice rapporte notamment que mon arrière-grand-mère, qui prétendait avoir un appétit d'oiseau, s'était attiré cette remarque de Joseph : « Son Altesse mange comme un oiseau mais elle chie comme une vache ! » Lorsqu'il allait trop loin, ce qui était courant, mon arrière-grand-mère menaçait de le rayer de son testament. Joseph lui répondait, en joignant le geste à la parole : « Votre testament, je me le fous au cul. »
54	« Ah, enfin quelque chose de chaud ! » : Anecdote rapportée par Jean-Jacques Journet, « Les dîners du samedi de la Princesse Murat », texte inédit sur ses visites à l'hôtel de la rue de Monceau dans les années 1950, texte communiqué par l'auteur. Jean de Castellane était le mari de Dorothée de Talleyrand-Périgord, un des modèles possibles de la duchesse de Guermantes.
55	« Chez les Murat… Paris » : Lettre à sa mère, 3 octobre 1904, *Correspondance*, IV, p. 308.
55	« Rabattu à mille dans une autre lettre » : Sur les visites de Proust rue de Monceau, voir : Marcel Proust, *L'Agenda*

	1906, édition génétique et critique, par Nathalie Mauriac, Françoise Leriche, Pyra Wise et Guillaume Fau, Éditions de la BNF, 2015. Entre 1904 et 1908, Proust serait venu au moins quatre fois à l'hôtel Murat. L'édition est en libre accès ici : https://books.openedition.org/editionsbnf/1457.
55	« Émotion… déception » : Lettre à Louis d'Albufera, juin 1908, *Correspondance*, VIII, p. 148.
56	Sur le nom de Guermantes : Un an après l'entrevue avec François de Pâris, Proust écrit à son ami Georges de Lauris : « Savez-vous si Guermantes qui a dû être un nom de gens, était déjà dans la famille Pâris […] et s'il est entièrement éteint et à prendre pour un littérateur […] ? » (Proust, *Correspondance*, IX, p. 102). À en croire Proust, il faudrait donc qu'un nom soit « entièrement éteint » pour qu'un romancier puisse s'en emparer. Voir aussi : Martine Gantrel, « Jeu de pistes autour d'un nom : Guermantes », *Revue d'histoire littéraire de la France*, octobre-décembre 2004, 104ᵉ année, n° 4, p. 919-934.
56	« Tandis qu'un… plus loin encore » : Marcel Proust, *Jean Santeuil*, édition établie par Pierre Clarac avec la collaboration d'Yves Sandre, Gallimard, « Bibliothèque de la Pléiade », 1971, p. 545. En ouverture du livre, Proust écrit : « Puis-je appeler ce livre un roman ? C'est moins peut-être et bien plus, l'essence de ma vie » (p. 181).
57	« Comme il n'existe… le Roi de l'Acier » : *RTP*, II, *Le Côté de Guermantes*, p. 852-853.
58	« Sous le vain… quelques années » : Marcel Proust, *Essais*, *op. cit.*, p. 458.
58	« Voici le malheur… me peine infiniment » : Lettre de Marcel Proust à Lionel Hauser, 1ᵉʳ janvier 1920, *Correspondance*, XIX, p. 41.

L'autre côté

61	« Raseurs » : Jean-Yves Tadié, *Marcel Proust*, Gallimard, 1996, p. 193.
62	« Mère légale » : Expression de Reynaldo Hahn, citée par

Yves Uro, *Madeleine Lemaire, une amie de Marcel Proust*, L'Harmattan, 2015, p. 23.

62 « Belle Marraine » : Terme de Marcel Proust, cité par Yves Uro, *Madeleine Lemaire, op. cit.*, p. 35.

62 « En dehors de la famille… pour moi » : Lettre de Proust à Mme de Caraman-Chimay, *Correspondance*, VII, p. 341.

62 Sur l'hôtel de Madeleine Lemaire : Henri Raczymow, *Le Paris littéraire et intime de Marcel Proust*, Parigramme, 1997, p. 54.

62 « Près du piano… "honoré" » : Marcel Proust, *Essais, op. cit.*, p. 225.

63 « L'assistance d'élite » : *Ibid.*, p. 129.

63 Sur mon arrière-grand-père Luynes : Duchesse d'Uzès, *Souvenirs*, Lacurne, 2014, p. 79-80.

63 « Le duc de Luynes… le duc de Chevreuse » : *New York Times*, 15 mars 1924, p. 13.

65 « Les parents… un père » : Lettre à Clément de Maugny, 9 avril 1918, *Correspondance*, XVII, p. 178.

65 « Ma consolation… des étoiles » : Lettre à Jean Cocteau, 31 décembre 1918, *Correspondance*, XVII, p. 531.

65 « Vous avez… pont-levis » : Citation reproduite dans une lettre de Marcel Proust à Émile Henriot, 13 avril 1922, *Correspondance*, XXI, p. 133. La lettre originale n'a jamais été retrouvée. Voir également *Correspondance*, XXI, p. 93.

65 « Le duc de Luynes… servi à rien » : Lettre à Mme de Saint-Marceaux, [peu après le 16 mai 1922], *Correspondance*, XXI, p. 202.

66 « Si fin… la grâce même » : Marcel Proust, *Essais, op. cit.*, p. 369.

Tante Oriane et oncle Basin

71 « Un mirage dans un miroir » : Vladimir Nabokov, *Strong Opinions*, New York, McGraw-Hill, 1973, p. 44.

71 Son mari… plus proche encore : *RTP*, II, *Le Côté de Guermantes*, p. 824 et p. 820. Le duc de Guermantes se dit en effet le petit-fils d'une Doudeauville, branche des

La Rochefoucauld, tandis que Charlus se prétend descendant de l'auteur des *Maximes*. D'après l'arbre généalogique des Doudeauville, Basin pourrait être le petit-fils ou le petit-neveu du duc de Doudeauville et d'Élisabeth de Montmorency-Laval, dont la mère était née Luynes – les Guermantes revendiquent par ailleurs leur parenté avec les Montmorency. Un de leurs petits-fils, Sosthène II, duc de Doudeauville, aura une fille, Yolande, qui épousera le duc de Luynes, mon arrière-arrière-grand-père – elle est reçue par Mme de Villeparisis, qui la mentionne par son prénom. Autre indice : Basin s'appelle en réalité Basin Sosthène, prénom usuel des Doudeauville. J'ajoute, pour être complète, que mes efforts pour retracer ma parenté avec les Guermantes sont facilités par le fait que les familles ducales sont uniques. Il y a mille La Rochefoucauld, mais un seul duc de Doudeauville (ou un seul duc de Bisaccia, duc d'Estissac, etc., autres titres de la même famille), comme il n'y a qu'un seul duc d'Uzès ou de Luynes. Sur l'arbre Guermantes, voir : Willy Hafez, « Histoire et généalogie des Guermantes », *Bulletin de la Société des Amis de Marcel Proust et des Amis de Combray*, n° 12, 1962, p. 491-502.

72 « La jambe facile et le cœur sur la main » : Cité par Jean-Yves Tadié, *Marcel Proust, op. cit.*, p. 615, n. 3.

72 « Mme de Guermantes… Louis XV » : *RTP*, II, *Le Côté de Guermantes*, p. 824.

73 Sur les perversités de l'autofiction : Voir entre autres Gérard Genette, *Palimpsestes*, Seuil, 1982 ; Vincent Colonna, *Autofiction et autres mythomanies littéraires*, Auch, Tristram, 2004 ; ou encore Marie Miguet-Ollagnier, « Sodome et Gomorrhe : une autofiction ? », https://www.fabula.org/compagnon/proust/miguet.php.

74 « À ce point de vue… démoulés » : *RTP*, III, *La Prisonnière*, p. 704-705.

75 « Le Nom propre… de la réminiscence » : Roland Barthes, « Proust et les noms », *Œuvres*, IV, Seuil, 2002, p. 68-69. La puissance du nom propre a, depuis, été largement

relativisée, surtout après le déchiffrage des très volumineuses esquisses de la *Recherche*.

76 « Littérature consacrée à l'onomastique » : Voir entre autres Gérard Genette, « Proust et le langage indirect », *Figures*, II, Seuil, 1969, p. 223-294, et *Mimologiques. Voyage en Cratylie*, Seuil, 1976 ; Jean Milly, « Sur quelques noms proustiens », *Littérature*, n° 14, 1974, p. 65-82 ; Claudine Quémar, « Rêverie(s) onomastique(s) proustienne(s) à la lumière des avant-textes », *Littérature*, n° 28, 1977, p. 77-99 ; Eugène Nicole, « L'onomastique littéraire », *Poétique*, n° 54, 1983, p. 233-253 ; Dominique Poncelet, « Le nom propre et son référent dans "Noms de pays : le nom" », *Bulletin Marcel Proust*, n° 52, 2002, p. 47-54 ; Salah Khan, « L'onomastique ouverte de Proust dans "Noms de pays : le nom" », *French Forum*, n° 3, automne 2005, p. 57-74 ; ou encore Florence Godeau, « "Who's who" ? Noms impropres et jeux identitaires dans *Le Temps retrouvé* », *Bulletin d'informations proustiennes*, n° 45, 2015, p. 111-123.

76 Sur Volkonskij/Bolkonskij, Trubeckoj/Drubeckoj : Cet exemple est issu de Roman Jakobson et Linda Waugh, *La Charpente phonique du langage*, Éditions de Minuit, 1980, p. 34-35, cité par Eugène Nicole, « L'onomastique littéraire », art. cité, p. 239.

77 « Le nom aristocratique... bourgeois » : Marjolaine Morin, *Grandeur et décadence de l'aristocratie chez Marcel Proust*, *op. cit.*, p. 81.

78 On sait... trop scolaire pour être retenu : Lettre à Louis de Robert, juillet 1913, *Correspondance*, XIII, p. 230-233.

78 « Je comprenais... tout leur sens » : *RTP*, IV, *Le Temps retrouvé*, p. 510.

La sublimation inverse

80 « L'œil... Caïn » : Victor Hugo, « La conscience », in *La Légende des siècles*.

80 « Il faut bien... passable » : Lettre du général Joachim

	Murat (1834-1901) à son fils Joachim (1856-1932), 23 septembre 1870, Archives nationales, Fonds Murat, 31AP/69.
81	« Il a le geste vif… garçon de café » : Jean-Paul Sartre, *L'Être et le Néant*, Gallimard, « Tel », p. 95.
83	« Relâché… virilité » : *RTP*, III, *Sodome et Gomorrhe*, p. 5-6.
84	« Eût cru… sa bonne éducation » : *RTP*, II, *Le Côté de Guermantes*, p. 337.
84	« J'avais déjà… le salut militaire » : *Ibid.*, p. 474.
85	« Être grande dame… simplicité » : *Ibid.*, p. 549.
85	« De mettre… "… sait recevoir" » : *RTP*, III, *Sodome et Gomorrhe*, p. 36.
87	« Je commençais… éducation » : *Ibid.*, p. 62.
88	« Manières… dirigeait » : *RTP*, II, *Le Côté de Guermantes*, p. 711.
90	« Le signe mondain… pas ailleurs » : Gilles Deleuze, *Proust et les signes* [1964], PUF, 1996, p. 13.

Un bal

93	« Tout le Paris… en être » : *Le Gaulois*, 27 mai 1891, p. 1. Sur les références au bal du prince de Léon dans la *Recherche*, voir *RTP*, I, *Du côté de chez Swann*, p. 26, 97 et 172.
94	Les cinq photos de Nadar sont reproduites dans le livre d'Anne-Marie Bernard, *Le Monde de Proust vu par Paul Nadar*, Éditions du Patrimoine, 1999, p. 136 et 138.
95	« Sera-ce… la France ? » : *Le Gaulois*, 27 mai 1891, p. 2.

Les souliers rouges de la duchesse

97	Ce chapitre est une version révisée d'un article : Laure Murat, « Les souliers rouges de la duchesse ou la vulgarité de l'aristocratie française », *Nouvelle Revue française*, n° 603-604, hiver 2013, p. 96-106.
97	« Ce qu'il y a… de déplaire » : Charles Baudelaire, *Fusées*,

XII, in *Œuvres complètes*, I, texte établi, présenté et annoté par Claude Pichois, Gallimard, «Bibliothèque de la Pléiade», 1975, p. 661.

98 Sur la comtesse de Chevigné et les modèles de la duchesse de Guermantes, on consultera à profit le livre de Caroline Weber, *Proust's Duchess. How Three Celebrated Women Captured the Imagination of Fin-de-Siècle Paris*, New York, Vintage Books, 2018.

98 «Tout de même... la nuit !!!» : *RTP*, IV, *Le Temps retrouvé*, p. 295-296. La note de la Pléiade précise, p. 1197 : «Proust cite inexactement le dernier vers du poème des *Contemplations* intitulé primitivement "De plus haut ?" avant de porter comme titre définitif "?" (Livre III, XI). Hugo y multiplie les images lugubres de tous les maux qui sur la terre accablent l'humanité et il s'exclame en conclusion : "Et que tout cela fasse un astre dans les cieux !" [...]»

99 «Vulgaire hanneton» et «lourde... élégante» : *RTP*, II, *Le Côté de Guermantes*, p. 725.

99 «Un dédain... dans son corps» : *Ibid.*, p. 707.

100 «Qu'est-ce que... répondit ironiquement Swann» : *Ibid.*, p. 882-883.

101 «Mme de Guermantes... nous enterrerez tous !» : *Ibid.*, p. 883-884.

105 «Chacun des convives... d'*Hamlet*» : *Ibid.*, p. 821.

107 «Ah ! mon petit... mourir» : *Ibid.*, p. 874.

«Ce qu'il peut *y avoir de poésie dans le snobisme*»

108 «Or, malgré mon désir... vous les ayez lus» : Lettre à Marcel Boulenger, 24 janvier 1920, *Correspondance*, XIX, p. 93. De fait, *Le Côté de Guermantes* opère un tournant dans l'œuvre.

109 «Hélas... inconnu» : Lettre à Geneviève Straus, peu après le 21 mai 1911, *Correspondance*, X, p. 293.

109 «La bêtise... la vanité» : *RTP*, III, *Sodome et Gomorrhe*, p. 59.

109 «Royaume du néant» : *RTP*, III, *La Prisonnière*, p. 780.

> Le terme a déjà été utilisé pour qualifier «le néant de goût véritable» sur lequel repose «le jugement artistique des gens du monde»: *RTP*, II, *Le Côté de Guermantes*, p. 571.

109 «Petits salons… de l'esprit»: *Ibid.*, p. 339.

110 «Malveillance»: *Ibid.*, p. 827.

110 «Le faubourg Saint-Germain… *le gratin reconnaissant*»: Philippe Jullian, *Dictionnaire du snobisme*, Plon, 1958, cité par André Ferré, *Bulletin Marcel Proust*, n° 9, 1959, p. 148.

111 Les chiffres des ventes de la *Recherche* au 31 décembre 1980 ont été publiés en appendice du livre de Thierry Laget, *Proust, prix Goncourt*, Gallimard, 2019. L'auteur y ajoute les chiffres d'*À l'ombre des jeunes filles en fleurs* (Goncourt 1919), un an après l'obtention du prix: 23 100 exemplaires contre les 85 158 exemplaires des *Croix de bois* de Roland Dorgelès, son rival malheureux.

112 Sur les chiffres de *L'Étranger*: «*L'Étranger*, best-seller traduit en 40 langues», *L'Obs*, 2 janvier 2010, https://www.nouvelobs.com/culture/albert-camus/20100102.OBS2340/l-etranger-best-seller-traduit-en-40-langues.html.

112 Sur les chiffres 1980-2021: Archives Gallimard. Il est bien entendu que ces chiffres ne prennent pas en compte les autres éditions de la *Recherche* qui voient le jour à partir de 1987, date de l'entrée de l'œuvre dans le domaine public, notamment Bouquins et Garnier-Flammarion.

113 Sur les ventes totales d'*À la recherche du temps perdu*: Voir Nicolas Ragonneau, *Proustonomics*, *op. cit.*, p. 106.

113 «En retenant… cumulées»: *Ibid.*, p. 107.

114 Sur les chiffres d'*Ulysse*: Richard F. Shepard, «U.S. Sales of the Book at 880,000», *New York Times*, 2 février 1972.

114 Sur les «non-lecteurs»: Pierre Bayard, *Comment parler des livres que l'on n'a pas lus?*, Éditions de Minuit, 2007.

115 «Certains écrivains… traduit de l'allemand»: Élisabeth de Gramont, *Marcel Proust*, Flammarion, 1948, p. 278.

115 «Faisaient… l'impasse»: Nicolas Ragonneau, *Proustonomics*, *op. cit.*, p. 67.

116	« Ses flatteries... mon goût » : Mina Curtiss, *Other People's Letters*, Boston, Houghton Mifflin Company, 1978, p. 176.
116	« Flatteur hystérique » : Élisabeth de Gramont, Marcel Proust, *op. cit.*, p. 44.
116	« Il n'est pas... de distinction » : Lettre de Marcel Proust à Misia Edwards, [5 ? juin 1913], *Correspondance*, XXI, p. 651.
118	« Cette société... le snobisme ! » : Marcel Proust, *Jean Santeuil*, *op. cit.*, p. 428.
118	« Vanité » et « péché intellectuel » : « Se plaire dans la société de quelqu'un parce qu'il a eu un ancêtre aux Croisades, c'est de la vanité. L'intelligence n'a rien à voir à cela. Mais se plaire dans la société de quelqu'un parce que le nom de son grand-père se retrouve souvent dans Alfred de Vigny ou dans Chateaubriand, ou (séduction vraiment irrésistible pour moi, je l'avoue) a le blason de sa famille dans la Grande Rose de Notre-Dame d'Amiens, voilà où le péché intellectuel commence. » (Marcel Proust, *Sésame et les Lys* [1906], cité par Claude Mauriac, *Proust*, Seuil, « Écrivains de toujours », 1979, p. 78-79.)
118	« D'une interruption... du goût » : *RTP*, I, *À l'ombre des jeunes filles en fleurs*, p. 504.
119	« Oui, j'en suis certain... et même pas » : Lettre à Lucien Daudet, mai ou juin 1916, *Correspondance*, XV, p. 154-155. Le mot de la dernière phrase entre crochets a été supprimé de l'édition.
119	Sur le rapprochement entre snobisme et théorie de l'amour : Voir entre autres René Girard, *Mensonge romantique et vérité romanesque*, Grasset, 1961 ; Jean-François Revel, *Sur Proust*, Gonthier, 1969 ; Theodor W. Adorno, « Petits commentaires de Proust », in *Notes sur la littérature*, traduit de l'allemand par Sibylle Muller, Flammarion, 1984, et, plus récemment, Barbara Carnevali, « Proust philosophe du prestige », *in* Mauro Carbone et Eleonora Sparvoli (dir.), *Proust et la philosophie aujourd'hui*, Pise, Edizioni ETS, 2008, p. 305-322.

Un long cauchemar

124 « Appelle… sa vie » : Gérard Macé, *Le Manteau de Fortuny* [1987], Le Bruit du temps, 2014, p. 68.

Universaliser le sujet minoritaire

139 Sur l'épisode de *Dynastie* et la sortie du placard de Steven, voir l'extrait : https://www.dailymotion.com/video/xc1ggb.

142 « *I do not speak French* » : *RTP*, III, *Sodome et Gomorrhe*, p. 35.

142 « Mais dès le premier… le duc de Châtellerault » : *Ibid.*, p. 37.

143 « Au seuil… des noms » : *RTP*, II, *Le Côté de Guermantes*, p. 831.

144 « Des déformations sacrilèges… profanation des signifiants » : Martine St-Pierre, « Le bruit des noms », *Études françaises*, vol. 23, n° 3, 1987, p. 104-105.

144 « Nous le savons depuis Proust… a-centré » : Monique Wittig, « Le point de vue : universel ou particulier ? », in *La Pensée straight*, Balland, 2001, p. 113. Ce texte a d'abord été publié en anglais sous le titre « The Point of View: Universal or Particular » dans *Feminist Issues*, n° 1, été 1980.

145 Sur l'avènement des études gay et lesbiennes : En 1990, année où l'homosexualité sort du classement des maladies mentales de l'OMS (Organisation mondiale de la santé), paraissaient aux États-Unis deux livres destinés à changer les catégories de pensée : *Gender Trouble* de Judith Butler et *Epistemology of the Closet* d'Eve Kosofsky Sedgwick. Ils seront respectivement traduits en français en 2005 et 2008. C'est dans cet intervalle (1990-2008) que le champ des études interrogeant les normes sexuelles, les injonctions identitaires et leurs modes de subversion se développera en France, notamment sous l'impulsion de Didier Eribon. Voir Bruno Perreau, « La réception du geste *queer* en

France. Performativité, subjectivation et "devenir minoritaire" », *in* Natacha Chetcuti et Luca Greco (dir.), *La Face cachée du genre : langage et pouvoir des normes*, Presses Sorbonne Nouvelle, 2012, p. 123-142. Sur Proust en particulier, outre le livre séminal d'Eve Kosofsky Sedgwick, dont le cinquième chapitre est consacré au « Spectacle du placard », on consultera notamment Elisabeth Ladenson, *Proust lesbien*, EPEL, 2004 (traduction de *Proust's Lesbianism*, Ithaca, Cornell University Press, 1999), et Michael Lucey, *Never Say I : Sexuality and the First Person in Colette, Gide and Proust*, Durham, Duke University Press, 2006.

146 « Ressemblait... une violette » : Cité par Jannet Flanner, *Paris Was Yesterday : 1925-1939*, éd. par Irving Drutman, New York, Penguin Books, 1979, p. xiv.

146 « Un certain charme massif » : Lettre à Mme Stoutzo, 30 décembre 1918, *Correspondance*, XVII, p. 527-528.

147 « Cocher de fiacre... moyen » : « Un certain disparate : entretien avec François Le Lionnais » : https://oulipo.net/en/un-certain-disparate/23-max-jacob.

Proust au bordel

148 Ce chapitre est une version révisée d'un article intitulé « Proust, Marcel, 46 ans, rentier », *La Revue littéraire*, n° 14, Éditions Léo Scheer, mai 2005, p. 82-92.

148 « Les plus âgés... de nostalgie » : Gilles Morin et Annette Wieviorka, « Que faire des archives de la Préfecture de police de Paris ? », *L'Histoire*, 6 juillet 2020, https://www.lhistoire.fr/que-faire-des-archives-de-la-pr%C3%A9fecture-de-police-de-paris%C2%A0. Les archives de la police ont déménagé au Pré-Saint-Gervais.

148 Sur le diagnostic inédit de Nerval : Archives de la police, Registre de la maison de Picpus, vol. I, f° 43. Voir Laure Murat, *La Maison du docteur Blanche. Histoire d'une maison de santé et de ses pensionnaires, de Nerval à Maupassant*, JC Lattès, 2001.

150	« Yeux bleus… de son âme » : Céleste Albaret, *Monsieur Proust*, souvenirs recueillis par Georges Belmont, Robert Laffont, « Vécu », 1973, p. 235.
150	« Très grande… *conservateur* » : Maurice Sachs, « Historiette », *La NRF*, 1er mai 1938, p. 863-864, cité par Jean-Yves Tadié, *Marcel Proust*, *op. cit.*, p. 789, n. 4.
150	« Albert avait… de plus d'une façon » : Maurice Sachs, *Le Sabbat*, Gallimard, « L'Imaginaire », 1979, p. 194-195.
151	« Prenait… s'entremettre » : Maurice Sachs, « Historiette », art. cité.
151	Sur l'épisode de l'aboyeur : Voir Maurice Sachs, *Le Sabbat*, *op. cit.*, p. 195-196, et *RTP*, III, *Sodome et Gomorrhe*, p. 37.
151	« Tout un programme » : Céleste Albaret, *Monsieur Proust*, *op. cit.*, p. 236.
151	« Pour des besoins écœurants » : *Ibid.*, p. 237.
151	« Toutes les vertus… suppliciées » : *RTP*, I, *À l'ombre des jeunes filles en fleurs*, p. 568.
152	« Un drôle de potage » : Céleste Albaret, *Monsieur Proust*, *op. cit.*, p. 237.
152	« Prométhée enchaîné » : *RTP*, IV, *Le Temps retrouvé*, p. 394.
152	« Mais, Monsieur… l'inventer » : Céleste Albaret, *Monsieur Proust*, *op. cit.*, p. 240.
152	« Quand je vais là… demain » : *Ibid.*, p. 238.
153	Sur le dossier de police : Archives de la police, Paris, BM2, 43 – Dossier 81-000-163. Toutes les citations suivantes se réfèrent à la même cote.
154	À propos d'André Brouillet : Grâce aux méticuleuses recherches de Pyra Wise, nous savons qu'André Brouilet est mort en 1982. Si ces documents avaient été connus plus tôt, André Brouillet aurait pu être une source très précieuse de renseignements pour les proustiens… Pyra Wise, « Proust à l'hôtel, d'Albert Le Cuziat au commissaire Tanguy : des adresses identifiées et deux photographies inédites », *Bulletin d'informations proustiennes*, n° 46, Éditions Rue d'Ulm, 2016, p. 41-56, http://www.jstor.org/stable/44760587.

159	« Cela… salaïste » : Lettre de Marcel Proust à Antoine Bibesco, [20 août 1902], *Correspondance*, III, p. 117. « Salaïste » était un nom de code pour dire « homosexuel », en référence au comte Sala, connu pour ses mœurs.
160	« Proust, à quels raouts… l'amour fait si mal ? » : Paul Morand, « Ode à Marcel Proust » (4ᵉ strophe), in *Lampes à arc*, Au sans pareil, 1920.
160	« J'avoue que le sacrifice… apaches » : Lettre de Marcel Proust à Paul Morand, [peu après le 10 octobre 1919], *Correspondance*, XVIII, p. 422.
160	Sur toutes les anecdotes relatives à Proust et Le Cuziat : Voir J. E. Rivers, *Proust and the Art of Love: the Aesthetics of Sexuality in the Life, Time and Art of Marcel Proust*, New York, Columbia University Press, 1980, p. 75-77. Voir également Henri Bonnet, *Les Amours et la vie sexuelle de Marcel Proust*, Nizet, 1985.
161	« C'est même… d'une mère » : Céleste Albaret, *Monsieur Proust*, *op. cit.*, p. 241.
162	« Comment va Albert ?… les autres » : Lettre de Marcel Proust à Léon Bailby, 20 juillet 1922, *Correspondance*, XXI, p. 366.
163	« Le mixte… gymnastique » : Walter Benjamin, « Soirée avec Monsieur Albert », in *Sur Proust*, Nous, 2010, p. 91.
163	« Moi, monsieur, je suis Jupien » : Wallace Fowlie, *Journal of Rehearsals. A Memoir* [1977], Durham/Londres, Duke University Press, 1997, p. 52, cité par Pyra Wise, art. cité, p. 48.
164	Sur Jean en travesti : voir Cécile Gutzwiller, *28, rue de Monceau*, *op. cit.*, chapitre « Joseph, véritable maître des lieux ». Je remarque en passant que le personnage du valet de pied de *Downton Abbey*, Thomas Barrow, est homosexuel, et qu'il bénéficie de l'« indulgence » de ses maîtres.
164	« Révèle le lien… "en être" » : Marcel Proust, *L'Agenda 1906*, *op. cit.* Cet extraordinaire travail de transcription diplomatique et de recherches, notablement dû à Pyra Wise en ce qui concerne les Murat, est en libre accès ici : https://books.openedition.org/editionsbnf/1457.

165   Sur la descente à l'hôtel de Madrid : *Le Journal*, 20 mars 1918, p. 2, 4ᵉ colonne.

165   Sur la mention de Gaston Coignet dans la *Recherche* : *RTP*, II, *À l'ombre des jeunes filles en fleurs*, p. 841.

165   « Le prince se faisait enculer » : Archives de la police, Paris, Série BB, « Pédés », BB4, f° 49.

166   « Quand un couple… rang honorable » : Louis Fiaux, *Rapports et documents*, n° 26, Conseil municipal de Paris, 1883.

166   « Les pédérastes… infection morale » : Pierre Delcourt, *Le Vice à Paris*, A. Piaget, 1888, cité par Claude Courouve, *Vocabulaire de l'homosexualité masculine*, Payot, 1985, p. 42.

Venise, détour et des tours

168   Sur Proust et *Les Pierres de Venise* : Voir l'entrée « Venise » dans Jérôme Bastianelli, *Dictionnaire Proust-Ruskin*, Classiques Garnier, 2017.

171   « Comme aux "plombs" d'une Venise intérieure » : *RTP*, IV, *Albertine disparue*, p. 218.

Réel introuvable, réel retrouvé

173   Sur le « *e* prépausal », voir l'excellent article de David Castello-Lopes, « "Salut-han, tu vas bien-han" : la mystérieuse histoire de cet étrange tic de langage », *Slate*, 27 janvier 2018, où il est expliqué que ce tic n'est ni héréditaire, ni un accent régional, ni même une prononciation de classe : https://www.slate.fr/story/156862/salut-han-tu-vas-bien-han.

180   « Ils ont… guérirait » : *RTP*, IV, *Le Temps retrouvé*, p. 470.

180   « Ce qu'il y a… Jugement dernier » : *Ibid.*, p. 458.

181   « *Anywhere out of the world* » est un vers issu de « Bridge of Sighs » (1844), poème de Thomas Hood, cité par Edgar Allan Poe dans *The Poetic Principle* (1850), où Baudelaire trouva la référence. Il en donnera une traduction

	(«N'importe où, n'importe où / Hors de ce monde») dans les *Petits Poèmes en prose* (1867).
184	«Quant au livre intérieur… ne connaissent pas les autres»: *RTP*, IV, *Le Temps retrouvé*, p. 458-459.
185	«Parce que celui… vous vivrez»: *RTP*, III, *La Prisonnière*, p. 705.
186	«Te rappelles-tu… son développement»: Lettre à Fernand Gregh, 4 juin 1904, *Correspondance*, IV, p. 140.
186	«Un peu de temps à l'état pur»: *RTP*, IV, *Le Temps retrouvé*, p. 451.
186	«Existence + imagination = réalité»: Anne Simon, *Proust ou le réel retrouvé. Le sensible et son expression dans* À la recherche du temps perdu, PUF, 2000, p. 107.
187	«Constant échange», «lien mouvant», «attache»: *Ibid.*, p. 41, 51 et 100.
187	«Le sujet ne peut… comme présent»: *Ibid.*, p. 47.

Proust à Los Angeles

189	«Vous vous levez… mon boudoir»: Raymond Chandler, *Le Grand Sommeil*, traduit de l'anglais par Boris Vian, Gallimard, 1939, chapitre XI.
193	Sur le temps de lecture de la *Recherche*: Voir Nicolas Ragonneau, *Proustonomics*, *op. cit.*, ou https://proustonomics.com/distance-duree-de-la-recherche/

Ceci tuera cela

206	«*Ceci tuera*… l'architecture»: Victor Hugo, *Notre-Dame de Paris*, édition établie, présentée et annotée par Jacques Seebacher et Yves Gohin, Gallimard, «Bibliothèque de la Pléiade», 1975, p. 174-175.
208	«Peut-être… en face d'elles»: *RTP*, I, *Du côté de chez Swann*, p. 6.
208	«Notre moi… des couches anciennes»: *RTP*, IV, *Albertine disparue*, p. 125.

208	« Cette âme humaine… l'intermittence » : *RTP*, I, *À l'ombre des jeunes filles en fleurs*, p. 581.
208	« À l'opacité des murs… préoccupations » : *RTP*, I, *Du côté de chez Swann*, p. 9.
209	« Ce jeu… reconnaissables » : *RTP*, I, *Du côté de chez Swann*, p. 47.
209	« Place… losanges colorés » : *RTP*, I, *À l'ombre des jeunes filles en fleurs*, p. 507-508.
209	« Grande déesse du Temps » : *RTP*, III, *La Prisonnière*, p. 888.
209	« Mais ce fut surtout… valeur morale » : *RTP*, IV, *Albertine disparue*, p. 110.
210	« D'ailleurs… la gelée » : *RTP*, IV, *Le Temps retrouvé*, p. 612.
211	« L'obliquité… en plein ciel » : *RTP*, I, *Du côté de chez Swann*, p. 168.
212	Comment ne… « *This is freedom* » : *The Emily Dickinson Museum: A Tale of Two Houses*, New England Historical Society.
213	« Livre de pierre… durable encore » : Victor Hugo, *Notre-Dame de Paris*, *op. cit.*, p. 175.
213	« L'aristocratie… la renfrogne » : *RTP*, II, *Le Côté de Guermantes*, p. 826.

À la recherche du temps perdu ou la consolation

214	« Nil du langage… vérité » : Walter Benjamin, « Pour l'image de Proust », in *Sur Proust*, *op. cit.*, p. 27.
215	« Grandissent… pyramides » : Lettre à Louise Colet, 22 novembre 1852. Gustave Flaubert, *Correspondance*, II, Gallimard, « Bibliothèque de la Pléiade », 1988, p. 179.
215	« *The end is where we start from* » : TS Eliot, « Little Gidding » : figure dans *Quatre quatuors* [1942], traduit de l'anglais par Claude Vigée, Menard Press, 1992.
215	Qu'il suffise de… 1991 : Joseph Czapski, *Proust contre la déchéance*, Gallimard, 2019.
215	La lecture de… en 2015 : Philippe Lançon, *Le Lambeau*, Gallimard, 2018.

215	«Proust… sommeil»: Varlam Chalamov, *Récits de la Kolyma*, Verdier, 2003, p. 1043.
216	«Proust me paraît… l'airain»: Jacques Rivière, «Marcel Proust et l'esprit positif», *La Nouvelle Revue française*, n° 112, 1er janvier 1923, p. 183.
217	«Toujours le même… malle défaite»: *RTP*, II, *Le Côté de Guermantes*, p. 381.
218	«Ma vie… consolation»: Lettre à Robert de Montesquiou, fin septembre 1905, *Correspondance*, V, p. 348. On consultera également à profit, sur le rôle de la mère dans la consolation, lié à la littérature, le chapitre de Maria Cherly, «Écriture et consolation dans l'œuvre de Marcel Proust», *in* Emmanuelle Poulain-Gautret (dir.), *Littérature narrative et consolation: approches historiques et théoriques*, Arras, Artois Presses Université, 2012, p. 195-206.
218	«Être séparé de maman»: Cité par Évelyne Bloch-Dano, *Une jeunesse de Marcel Proust*, Stock, 2017. Ce livre est une enquête consacrée au fameux «questionnaire de Marcel Proust». Voir également, de la même autrice, l'éclairant *Madame Proust*, Grasset, 2004.
218	«Le 26 septembre… fut perdu»: George D. Painter, *Marcel Proust: A Biography*, II, New York, Random House, 1989, p. 49. Ma traduction.
218	«Erreur… de plus»: *RTP*, III, *Sodome et Gomorrhe*, p. 15.

Index des noms de personnes et de personnages

Abbott, Berenice, 146
Adorno, Theodor W., 233
Agostinelli, Alfred, 65, 117, 150
Agrigente, prince d', 52, 99
Akerman, Chantal, 121
Albaret, Céleste, 44, 150-152, 160, 170, 236-237
Albertine, 75, 119, 141, 161, 180, 209
Albufera, Louis Suchet, marquis puis duc d', 58, 60-61, 226
Albufera, Mme d', 58
Alençon, Émilienne d', 94
Allais, Alphonse, 174
Álvarez, María, 190
André, prince, 74
Andrée, 161
Apollinaire, Guillaume, 181
Aristote, 186
Artaud, Antonin, 181

Bac, Ferdinand, 72
Bacall, Lauren, 189
Bailby, Léon, 237
Balzac, Honoré de, 108, 118, 182
Bankhead, Tallulah, 147
Barnabooth, A.O., 179
Barnes, Djuna, 144
Barrow, Thomas, 237
Barthes, Roland, 75, 228
Bastianelli, Jérôme, 238
Baudelaire, Charles, 42-43, 97, 119, 181, 183, 230, 238
Bavière, Maximilien Joseph de, 48
Bayard, Pierre, 114, 232
Beach, Sylvia, 114
Beauharnais, Joséphine de, 36
Beausergent, Mme de, 98
Beckett, Samuel, 182
Belle au bois dormant, 40

Bellon, Yannick, 179
Belmont, Georges, 160, 236
Benjamin, Walter, 162, 237, 240
Bernanos, Georges, 32
Bernard, Anne-Marie, 230
Bernard, Nissim, 166
Bernard, Tristan, 174
Bernhardt, Sarah, 37
Bernstein, Henri, 72
Bibesco, Antoine, 159, 237
Bisaccia, duc de, 228
Blanche-Neige, 40
Bloch, Albert, 117, 167
Bloch-Dano, Évelyne, 241
Bogart, Humphrey, 189
Boigne, Adèle d'Osmond, comtesse de, 21, 222
Boldini, Giovanni, 49
Bonaparte, Napoléon, *voir* Napoléon I
Bonnet, Henri, 237
Bontemps, M., 167
Borges, Jorge Luis, 179, 182
Borodino, prince de, 29-30, 56-57, 71, 76
Boulenger, Marcel, 108, 110, 231
Bragelonne, vicomte de, 74
Bravard, Alice, 26, 222
Bréauté, Hannibal de, 52, 73, 75
Bresson, Robert, 179

Breton, André, 181
Brichot, M., 144
Brodsky, Michel, 223
Brouillet, André, 154, 236
Brueghel l'Ancien, 70
Buñuel, Luis, 36
Burroughs, William, 182
Butler, Judith, 234

Cambacérès, Jean-Jacques-Régis de, 153
Cambremer, marquis de, 52, 108, 144
Camondo, famille, 47
Camus, Albert, 20, 112, 222
Caraman-Chimay, Mme de, 227
Carbone, Mauro, 233
Carjat, Étienne, 43
Carnevali, Barbara, 233
Carpaccio, Vittore, 22
Carrington, Blake, 140
Carrington, Steven, 139-140, 234
Castellane, Boni de, 95
Castellane, Jean de, 54, 225
Castello-Lopes, David, 238
Céline, Louis-Ferdinand, 181, 223
Cervantès, Miguel de, 182, 215
Chabert, colonel, 73
Chalamov, Varlam, 215, 240

Chandler, Raymond, 189, 239
Charlemagne, 196
Charles Quint, 96
Charles VII, 197
Charles X, 43
Charlot, personnage de Charlie Chaplin, 168
Charlus, Palamède de Guermantes, baron de, 32, 34, 52, 57, 62, 66, 68, 71, 75, 77, 80, 82-83, 109, 119, 141, 152, 165, 180, 228
Chateaubriand, François-René de, 31, 175, 233
Châtellerault, duc de, 142-143
Cherly, Maria, 241
Chevigné, comtesse de, 94, 98, 116, 231
Chevreuse, duchesse de, 74, 204
Choiseul, famille, 73
Clarac, Pierre, 182, 226
Cocteau, Jean, 36, 44, 65, 116, 146, 227
Coignet, Gaston, 165, 238
Colbert, Jean-Baptiste, 197, 200
Colet, Louise, 240
Colette, Sidonie-Gabrielle Colette, dite, 32, 51
Colombine, 94

Colonna, Vincent, 228
Comte, Auguste, 216
Concini, Concino, 200
Corneille, Pierre, 175
Cottard, Dr, 68, 98, 117, 167
Courouve, Claude, 238
Courvoisier, famille, 34
Crécy, Odette de, 119
Crevel, René, 147
Crockett, David, 40
Curtiss, Mina, 233
Czapski, Joseph, 215

Daudet, Alphonse, 119
Daudet, Lucien, 119, 233
Delcourt, Pierre, 238
Deleuze, Gilles, 90, 230
Demongeot, Catherine, 178
Descartes, René, 204
Desnos, Robert, 181
Diaghilev, Serge, 146
Diaz, famille, 133
Dickinson, Emily, 212
Dino, duc de, 96
Disney, Walt, 198
Domarchi, Jean, 42
Dorgelès, Roland, 232
Dorrego, Inès, 134
Dostoïevski, Fiodor, 182
Doudeauville, famille, 227-228
Doudeauville, Sosthène II de La Rochefoucauld, duc de, 228

Dreyfus, Alfred, 183
Drutman, Irving, 235
Dumas, Alexandre, 74
Duperré, Guy-Victor, amiral, 47
Duras, Marguerite, 112
Durrell, Lawrence, 31

Edwards, Misia, 233
Eliot, T. S., 215
Elstir, 22, 167
Ephrussi, famille, 47
Eribon, Didier, 234
Ernaux, Annie, 32, 172
Estissac, duc d', 228

Fargue, Léon-Paul, 32
Fau, Guillaume, 226
Faulkner, William, 32, 182, 189
Fels, Edmond Frisch, duc de, 68
Fénelon, Bertrand de, 46, 224
Ferré, André, 182, 232
Fiaux, Louis, 238
Flanner, Jannet, 235
Flaubert, Gustave, 43, 175, 181, 214, 240
Forcheville, M. de, 109
Fould, Achille, 47
Fould, Max, 174
Fould-Springer, Eugène, 66
Fouquet, Nicolas, 200

Fowlie, Wallace, 163, 237
France, Anatole, 193
Françoise, 117, 211
Frankenstein, Dr, 79
Froment-Meurice, François, 159
Funès, Louis de, 135
Furtado, Paul, 47
Furtado-Heine, Cécile, 46-47
Furtado-Heine, Paule, 47

Galigaï, Léonora, 200
Gallardon, Mme de, 117
Ganay, Jean de, 164
Gantrel, Martine, 226
Garros, Roland, 65
Gautier-Vignal, Louis, 44
Genette, Gérard, 228-229
Gide, André, 51
Girard, René, 233
Godeau, Florence, 229
Gohin, Yves, 239
Gombrowicz, Witold, 33
Goncourt, Edmond de, 98
Goncourt, frères, 98
Goyon, Oriane de, 55-56
Gramont, Armand de, duc de Guiche, puis de, 34, 44, 46, 77, 223
Gramont, Corisande de, 33
Gramont, Élisabeth de, 115, 232-233
Greffulhe, Elaine, 33-34, 44, 94, 116, 150

Gregh, Fernand, 185, 239
Groseille, famille, 173
Guermantes, duc de, 21, 72-73, 77, 87-88, 98-99, 101-107, 109, 227-228
Guermantes, duchesse de, 34, 56, 68-69, 71-73, 87, 94, 98-104, 106-107, 110, 116-117, 141, 143, 174, 225, 231
Guermantes, famille, 32, 34, 57, 71-72, 75-76, 87, 104-107, 119, 210, 226, 228
Guermantes, prince de, 141-142
Guermantes, princesse de, 78, 85
Guillaume, Marc, 39
Guimard, Paul, 225
Guitry, Lucien, 174
Gutenberg, Johannes, 206
Gutzwiller, Cécile, 53, 164, 225, 237
Guyotat, Pierre, 181

Hafez, Willy, 228
Hahn, Reynaldo, 52, 61, 159, 168, 225-226
Halévy, Ludovic, 174
Hauser, Lionel, 58, 226
Hawks, Howard, 189
Heine, Charles, 47
Heine, Heinrich, 47

Henriot, Émile, 227
Herzog, Gérard, 224
Hillerin, Laure, 224
Hitler, Adolf, 43
Hood, Thomas, 238
Hugo, Victor, 80, 159, 175, 206-207, 213, 229, 231, 239-240

Iéna, princesse d', 57
Ionesco, Eugène, 33, 181

Jacob, Max, 147
Jakobson, Roman, 229
Jarry, Alfred, 182
Jean, valet de pied de l'hôtel Murat, 53, 164, 237
Jouhandeau, Marcel, 162
Journet, Jean-Jacques, 225
Joyce, James, 32, 114, 182
Jullian, Philippe, 110, 232
Jupien, 149, 152-153, 163

Kafka, Franz, 32
Khan, Salah, 229
Kolb, Philip, 169, 221

Lacuite, Ludovic, 48
Ladenson, Elisabeth, 235
La Fayette, Mme de, 76
Laget, Thierry, 111, 232
Lançon, Philippe, 215
Lancret, Nicolas, 222

La Rochefoucauld, famille, 73, 228

La Rochefoucauld, Sosthène II de : *voir* Doudeauville, Sosthène II

Laurencin, Marie, 146

Lauris, Georges de, 226

Lechat, brigadier, 158

Le Cuziat, Albert, 117, 149-154, 156-158, 160-164, 237

Legrandin, M., 117

Le Lionnais, François, 147

Lemaire, Madeleine, 61-62, 66, 227

Le Muet, Pierre, 198

Léon, prince de, 71-72, 77, 93-94, 230

Léon, princesse de, 93

Léonie, tante, 151

Leriche, Françoise, 226

Le Tellier, Hervé, 112

Levéziel, Frédéric, 223

Lévi-Strauss, Claude, 31

Louis XIII, 27, 200, 204

Louis XV, 72

Louis XVIII, 37

Louis-Philippe, 43

Lucey, Michael, 235

Lucinge, famille, 73

Luynes, Charles d'Albert de, 1er duc de, 74, 204

Luynes, Charles d'Albert de, duc de Chevreuse, 63

Luynes, Charles Honoré d'Albert de, 9e duc de, 228

Luynes, duc de, 62, 65

Luynes, duchesse de, née Juanita Diaz Unzué (*ma grand-mère*), 109, 133, 135-136, 196

Luynes, duchesse de, née Simone de Crussol d'Uzès, 95

Luynes, duchesse de, née Yolande de La Rochefoucauld, 228

Luynes, famille, 29, 61, 66, 71, 96, 228

Luynes, Honoré d'Albert de, 10e duc de, 62-63, 65-66, 95, 227

Luynes, Honoré Théodoric d'Albert de, 8e duc de, 204

Luynes, Louis Charles d'Albert de, 2e duc de, 204

Luynes, Marie-Thérèse de, 95

Luynes, Philippe d'Albert de, 11e duc de (*mon grand-père*), 38, 43, 121, 194-196, 202

Luzarche d'Azay, Roger, 50, 224

Macé, Gérard, 123, 234
Mallarmé, Stéphane, 191
Malle, Louis, 27, 29, 178-179
Malraux, André, 33
Marat, Jean-Paul, 189
Marlowe, Philip, 189
Marsantes, comtesse de, 21, 85
Marx, Karl, 31
Masséna, Anna, 61
Masséna, Victor, 47
Masson, Jean, 225
Mathieu, Mireille, 135
Mathilde, princesse, 30
Matthieu, saint, 106
Maugny, Clément de, 65, 227
Mauriac, Claude, 233
Mauriac, François, 32
Mauriac, Nathalie, 226
McGoohan, Patrick, 35
Médicis, Cosme de, 96
Médicis, Marie de, 200
Meilhac, Henri, 174
Méliès, Georges, 24
Merleau-Ponty, Maurice, 31
Meurice, Paul, 159
Michaux, Henri, 181
Miguet-Ollagnier, Marie, 228

Milly, Jean, 229
Monnier, Adrienne, 32
Montaigne, Michel de, 181
Montesquiou, famille, 28
Montesquiou, Robert de, 34, 52, 62, 92, 218, 241
Montijo, Eugénie de, impératrice, 47
Montmorency, duc de, 77
Montmorency, famille, 228
Montmorency, prince de, 165
Montmorency-Laval, Élisabeth de, 228
Morand, Paul, 44-45, 159, 224, 237
Moreau, Jeanne, 28
Morel, Charles, 119, 144, 166
Morel, Marie, 47
Morin, Gilles, 148, 235
Morin, Marjolaine, 76, 222, 229
Mornand, Louisa de, 58, 60-61
Morris, Violette, 50
Muller, Sibylle, 233
Murat, famille, 55, 58, 66, 71, 76, 165
Murat, Joachim, 1er prince Murat, roi de Naples, 30, 36, 48, 74, 189
Murat, Joachim, 4e prince Murat, 81, 230

Murat, Joachim, 5ᵉ prince Murat, 38, 46, 48, 164, 230
Murat, prince Charles, 52
Murat, prince Lucien, 72
Murat, prince Napoléon (*mon père*), 27-28, 31-33, 36, 38, 40, 42-44, 47-53, 60-61, 68, 123, 126, 128-130, 136, 174-185, 187
Murat, prince Paul, 52
Murat, princesse, née Cécile Ney d'Elchingen, 46-55, 58, 94, 163, 225
Murat, princesse Eugène, née Violette Ney d'Elchingen, 145-147
Murat, princesse Napoléon, née Inès d'Albert de Luynes (*ma mère*), 27, 31, 33-34, 37-38, 64, 121-124, 126-129, 132-136, 138, 173, 178
Murat, princesse, reine de Naples, née Caroline Bonaparte, 37

Nabokov, Vladimir, 71, 227
Nadar, Félix Tournachon, dit, 60
Nadar, Paul, 94, 230
Napoléon I, 7, 29-30, 36-37, 48, 53, 56-57, 197
Napoléon III, 43
Nerval, Gérard de, 148, 181, 235
Ney, Michel, 1ᵉʳ duc d'Elchingen et prince de la Moskowa, 30, 43
Ney, Michel-Aloys, 3ᵉ duc d'Elchingen, 47
Nicole, Eugène, 229
Noailles, Anna de, 222
Noailles, Charles de, 36
Noailles, Laure de, 36
Noailles, Marie-Laure de, 36
Nordlinger, Marie, 168
Norpois, marquis de, 109, 211

Obélix, 15
Oblomov, Ilya Ilitch, 179
Orléans, duc d', 63
Orloff, prince, 149
Orlowski, comte, 96
Osmond, marquis d', 107

Painter, George, 169, 218, 241
Paris, comte de, 29
Paris, comtesse de, 29
Pâris, François de, 55-56, 226
Pascal, Blaise, 144
Peau d'âne, 40
Perec, Georges, 181

Index

Pernet, Léon, 154
Perreau, Bruno, 234
Pétain, Philippe, 43
Pichois, Claude, 179, 231
Poe, Edgar Allan, 238
Poncelet, Dominique, 229
Pougy, Liane de, 159
Poulain-Gautret, Emmanuelle, 241
Pound, Ezra, 182
Prévert, Jacques, 191
Princesse au petit pois, 40
Proust, Jeanne, née Weil, 218
Proust, Marcel, 7, 13, 15-16, 20-23, 25-27, 29-34, 44-46, 51-52, 55-56, 58-67, 69-70, 72-79, 82, 84-86, 88-90, 92-93, 95-99, 103-119, 121, 124, 131, 137, 141, 143-147, 149-156, 159-165, 167-170, 174, 180, 182-183, 185-191, 193, 207-208, 210-219, 221-227, 231, 233, 235, 237-238

Quémar, Claudine, 229
Queneau, Raymond, 181

Rabelais, François, 181, 196, 215
Rachel, 58

Racine, Jean, 204
Raczymow, Henri, 227
Radziwill, prince Constantin, 150, 164
Radziwill, princesse, 95
Ragonneau, Nicolas, 16, 113-115, 221, 232, 239
Récamier, Juliette, 94
Renard, Jules, 174
Renoir, Jean, 27, 223
Revel, Jean-François, 233
Richard Ier, dit Cœur de Lion, 195
Rimbaud, Arthur, 43
Rivers, J. E., 237
Rivière, Jacques, 44, 216, 224, 241
Robert, Louis de, 229
Robin des Bois, 40
Rohan-Chabot, Marie de, 72
Rome, roi de, 53
Ronet, Maurice, 179
Rostand, Edmond, 38
Rothschild, famille, 47, 69
Rothschild, Marie-Hélène de, 33
Roussel, Raymond, 182
Roy, Pierre-Charles, 222
Ruskin, John, 51, 168, 170
Rutledge, Vivian, 189

Sachs, Maurice, 16, 150, 162, 236

Sackville-West, Vita, 133
Sade, Donatien Alphonse François, marquis de, 181
Sagan, prince de, 77
Saint-Euverte, Mme de, 83, 106, 109
Saint-Loup, Robert de, 29-30, 57-58, 71-72, 84-85, 95-96, 99, 108, 116, 141
Saint-Marceaux, Mme de, 227
St-Pierre, Martine, 144, 234
Saint-Saëns, Camille, 62
Saint-Simon, Louis de Rouvroy, duc de, 20, 26, 57-58, 61, 69, 181
Sala, comte, 237
Sand, Aurore, 43, 223
Sand, George, 43, 223
Sandre, Yves, 226
Sartre, Jean-Paul, 81-82, 222, 230
Sassenage, famille, 102
Sauvage, M., 202
Savonarole, Jérôme, 7
Saxe, Maurice de, maréchal, 95
Scaramouche, 94
Schlumberger, Éveline, 224-225
Scipion, Robert, 175
Sedgwick, Eve Kosofsky, 234-235
Seebacher, Jacques, 239
Ségur, comtesse de, 68
Ségur, marquis de, 68
Shepard, Richard F., 232
Simon, Anne, 185-186, 239
Singer, Winnaretta, 146
Sirois-Trahan, Jean-Pierre, 223
Sissi, Élisabeth de Wittelsbach, impératrice d'Autriche, dite, 48
Solar Dorrego, Enriqueta del, 134
Sparvoli, Eleonora, 233
Stéphane, Roger, 224
Stoutzo, Mme, 235
Straus, Geneviève, 231
Stravinsky, Igor, 146
Swann, Charles, 94, 100-104, 106-107, 119, 167, 180, 185, 210

Tadié, Jean-Yves, 15, 168, 182, 221, 226, 228, 236
Talleyrand-Périgord, Dorothée de, 225
Talleyrand-Périgord, Louis de, 77
Tanguy, commissaire, 154, 165
Taylor, Elizabeth, 33

Theis, Joseph, premier maître d'hôtel de l'hôtel Murat, 53-55, 163-164, 225
Tolstoï, Léon, 76
Trubeckoj, 76

Ullmann, Constantin, 159
Unzué, Felicia, 134
Unzué, Saturno, 132-134
Uro, Yves, 227
Uzès, duc d', 228
Uzès, duchesse d', née Anne de Rochechouart de Mortemart, 43
Uzès, famille, 76
Uzès, Jacques de Crussol d', 13ᵉ duc d', 71, 94
Uzès, Louis-Emmanuel de Crussol d', 14ᵉ duc d', 95
Uzès, Mlle d', 71

Valéry, Paul, 32, 114
Verdurin, famille, 34, 98
Verdurin, M., 167
Verdurin, Mme, 61, 69, 77-78, 117
Verrue, comtesse de, 204
Vian, Boris, 239

Vigny, Alfred de, 74, 233
Villemain, Abel François, 165
Villeparisis, Mme de, 75, 80, 83, 109, 228
Vilmorin, Louise de, 33
Vinteuil, 62, 167
Vinteuil, Mlle, 161
Volkonskij, 76

Wagner, Richard, 183
Walewski, Charles, 56
Waugh, Linda, 229
Weber, Caroline, 231
Wieviorka, Annette, 148, 235
Wilde, Oscar, 139
Willy, Henry Gauthier-Villars, dit, 163
Wilson, Woodrow, 47, 224
Winterhalter, Franz Xaver, 20
Wise, Pyra, 226, 236-237
Wittig, Monique, 32, 144, 234

Yourcenar, Marguerite, 31

Zévaco, Michel, 74

REMERCIEMENTS

C'est un plaisir de remercier en tout premier lieu Alice d'Andigné, qui a porté ce manuscrit avec la même, de sa lointaine première version jusqu'au texte définitif.

Nombre des réflexions ici développées doivent aux encouragements et aux critiques décisives de mes amies Anne F. Garréta et Alice Y. Kaplan, à qui je dois une fière chandelle. Qu'elles en soient chaleureusement remerciées.

Depuis mes premiers pas dans la *Recherche*, Jean-Yves Tadié m'a toujours accueillie, moi qui ne suis pas du sérail, avec une grâce toute proustienne. La plupart des articles que j'ai publiés sur Proust l'ont été grâce à lui, et ce livre n'existerait pas sans sa présence bienveillante et sa patience à répondre à mes questions depuis tant d'années. Je remercie aussi Nathalie Mauriac Dyer, Mireille Naturel, Nicolas Ragonneau et Pyra Wise pour la générosité de leurs informations.

Un dernier merci à Margot Gallimard, grâce à qui j'ai pu relire la *Recherche* dans le format que désirait Proust pour son œuvre : un seul et unique volume (Quarto).

Tout au long de l'écriture de ce livre, j'ai pensé à Monique Nemer (1938-2016) et à nos conversations sur la littérature, sur Proust et sur bien d'autres sujets. Son intelligence, son indulgence et son humour me manquent. Ce livre dont j'aurais tant aimé qu'elle le lise, et qu'elle le critique, est aussi dédié à sa mémoire.

Table

Le diable se cache dans les détails 11
Le syndrome d'Obélix 13
Rien, qui danse sur du vide 17
Fiction des origines 25
Les voix impénétrables du passé 42
« Ce petit journaliste que je mettais
  en bout de table… » 46
L'autre côté 60
Tante Oriane et oncle Basin 68
La sublimation inverse 79
Un bal 92
Les souliers rouges de la duchesse 97
« Ce qu'il peut *y avoir de poésie
  dans le snobisme* » 108
Un long cauchemar 121
Universaliser le sujet minoritaire 137
Proust au bordel 148
Venise, détour et des tours 168
Réel introuvable, réel retrouvé 172

Proust à Los Angeles 188
Tombeau pour un château 194
Ceci tuera cela 206
À la recherche du temps perdu
ou la consolation 214

Notes 221
Index des noms de personnes
et de personnages 243
Remerciements 255

DE LA MÊME AUTRICE :

Qui annule quoi ?, Seuil, « Libelle », 2022.
Une révolution sexuelle ? Réflexions sur l'affaire Weinstein, Stock, 2018.
Ceci n'est pas une ville, Flammarion, 2016.
Relire. Enquête sur une passion littéraire, Flammarion, 2015 ; rééd. « Champs », 2024.
Flaubert à la Motte-Picquet, Flammarion, 2015.
L'homme qui se prenait pour Napoléon. Pour une histoire politique de la folie, Gallimard, 2011 ; rééd. « Folio », 2013. Prix Femina essai.
La Loi du genre. Une histoire culturelle du « troisième sexe », Fayard, 2006.
Passage de l'Odéon. Sylvia Beach, Adrienne Monnier et la vie littéraire à Paris dans l'entre-deux-guerres, Fayard, 2003 ; rééd. Gallimard, « Folio », 2005 ; nouv. éd. 2024.
La Maison du docteur Blanche. Histoire d'un asile et de ses pensionnaires, de Nerval à Maupassant, JC Lattès, 2001 ; rééd. Gallimard, « Folio », 2013. Prix Goncourt de la biographie, Prix de la critique de l'Académie française.

Le Livre de Poche s'engage pour l'environnement en réduisant l'empreinte carbone de ses livres. Celle de cet exemplaire est de :
250 g éq. CO$_2$
Rendez-vous sur
www.livredepoche-durable.fr

PAPIER CERTIFIÉ

Composition réalisée par Soft Office

Achevé d'imprimer en août 2024 en Italie par
Grafica Veneta
Dépôt légal 1re publication : septembre 2024
LIBRAIRIE GÉNÉRALE FRANÇAISE
21, rue du Montparnasse – 75298 Paris Cedex 06

57/6676/4